KB259872

글로벌 중국어회화

한원석 편저

법문북스

머 리 말

어떻게 하면 중국어회화를 단기간에 완성할 수 있을까?

어떻게 하면 중국어회화를 유창하게 잘할 수 있을까? 이 문제에 대해서는 개인적인 여건에 따라 여러가지의 방법이 있을 수 있다. 그러나 현재 우리에게 주어진 여건 아래에서 가장 좋은 방법으로는 완전히 숙달되도록 많은 문장을 외우는 것보다 더좋은 방법은 없다고 생각된다.

「표준 신중국어회화」는 문장이 짧고 간단하여 중국어회화를 전혀 모르는 분은 물론이려니와 다소 익힌 사람도 기초부터 완전한 실력을 습득할 수 있도록 편집하였다.

그러므로 독자 여러분들은 본 교재로 중국어회화를 배움에 있어 먼저 각 과의 본문을 충분히 해독하고 본문을 보고 읽는 정도로 완전히 숙달되게 반복하고 또 반복하여 외워버리는 식으로 공부하기를 바란다.

그렇게만 하면 머지않아 여러분들 모두가 중국어를 유창하게 구사하게 되리라 믿는다.

애독자 여러분의 앞날에 영광과 행운이 있기를 바란다.

편 저 자

목   차

제 3 편　기본단어

제 1 편
중국어란 어떤 것인가 ?

● 중국어란?

중국에는 많은 민족이 살고 있다. 다수민족으로 구성되어 있는 중국은 언어의 종류와 그 분포도 매우 복잡하다. 그러나 그 중에서도 가장 광범위한 부분을 차지하고 있는 것은 바로 한족(漢族)이 사용하는 한어(漢語)라고 할 수 있다. 이 한족은 중국대륙 인구의 94 %를 차지하고 있으므로 이들이 사용하는 한어를 곧 중국어라고 할수 있다.

또 한족의 언어라해도, 방언이 매우 많아서 중요한 것만해도 9 종류로 나누어지는데 그 중에서 표준어로 지정된 것은 북경어이며, 이것이 바로 우리들이 이제부터 배우게 될 표준중국어이다.

● 중국어의 특성

① 단음절성(單音節性) 예：鳥 · 花 · 山 · 去

중국어의 단어는 점차 단음절사를 둘 이상 합하여 다음절화되는 추세에 있지만 아직도 다른 언어에 비하면 단음절성이 두드러진다고 할 수 있다.

② 고립성(孤立性)

영어나 유럽 여러나라의 언어는 어미와 어형이 변화하기 때문에 이를 굴절어라하며, 한국어와 같은 「～을, ～은, ～에」로 말을 이어가는 것을 교착어라 한다. 중국어는 이와 같은 토씨가 없으며 단지 언어의 배열순서에 의해서 문법적인 관계를 나타내는 것으로 고립어라 한다.

③ 성조(聲調)

　중국어는 성조어이기 때문에 성조를 정확하게 발음하지 않으면
의사전달에 뜻하지 않은 혼선을 빗게 된다. 성조는 중국어 학습에
있어서 절대로 소홀히 해서는 안될 중요한 요소이다.

● 간화자(簡化字)란?

　한자는 중국문화의 형성과 보존에 커다란 역할을 해왔으나 필획이
많기 때문에 웬만해서 외우지 못하는 반면, 쓰는 데도 시간이 걸린다.
그래서 중공에서는 1950년부터 한자의 간략화가 진행되어, 豐→丰,
還→还, 塵→尘과 같이, 많은 한자가 필획수를 줄인 간화자로　되어
전국에 보급하였던 것이다. 간화자의 쪽이 정자로 되어 있고, 정자는
오히려 번체자라고 불리고 있다.

● 한어병음자모(漢語拼音字母)란?

　한어병음자모는 문자개혁정책의 일환으로 1958년 중공에서 제정 공
포된 것으로 현재 중국대륙에서 통용되고 있다. 이 방법은 라틴자모
를 택하여 중국어의 음절을 표시하도록 한 것이다. 중공은　장기적인
언어정책에 의해 한자의 간체화와 함께 점진적인 표음화작업을 추진
하고 있는데, 한어병음자모는 바로 이러한 표음화작업이 구체화된 것

이다. 1977년에는 중국의 지명을 한어병음자모로 표기하는 방법이 유엔에 의해 정식으로 채택되면서 국제적으로 인정받기에 이르렀다.

본 교재는 한어병음자모만을 표기하였다.

●음의 성립

중국어에는 21개의 자음과 6개의 기본적인 모음이 있으며, 그것이 여러가지 형태로 결합되어 음절이 되어 있다. 一음절로서 하나의 뜻을 나타내는 일이 많으며 음절의 수는 전부 400여 개가 된다. (중국어 음절표 참조)

음절은 声母(語頭의 자음) + 운모(모음을 포함한 부분)로 나누어져 있고, 운모는 다시, 介音 + 主母音 + 尾音으로 분해된다.

聲　母	韻　　母			四　　聲
語頭子音	介　音	主母音	尾　音	
n		i		nǐ (你)
h		a	o	hao (好)
x	i	a	n	xiān (先)

●21개의 자음(子音)이란?

1) 순음(脣音)

윗입술과 아랫입술, 또는 윗니와 아랫입술이 작용하여 내는 소리
로서 b·p·m·f의 4개가 있다.

2) 설첨음(舌尖音)

혀끝과 윗잇몸이 작용하여 내는 소리로서 d·t·n·l의 4개가 있다.

3) 설근음(舌根音)

혀뿌리와 여린입천장이 작용하여 내는 소리로서 g·k·h의 3개가 있
다.

4) 설면음(舌面音)

혓바닥과 굳은입천장이 작용하여 내는 소리로서 j·q·x의 3개가있
다.

5) 권설음(捲舌音)

혀끝과 굳은입천장이 작용하여 내는 소리로서 zh·ch·sh·r의 4개가
있다.(혀를 말아서 발음함)

5) 설치음(舌齒音)

혀끝과 앞니 뒷면이 작용하여 내는 소리로서 z·c·s의 3개가 있다.
혀끝을 앞으로 쭉 뻗쳐 그 앞에서 나는 소리이므로 설첨전음(舌尖前
音)이라고도 한다.

● 6 개의 기본적인 모음(母音)이란?

a o e i u ü
특수한 모음 er

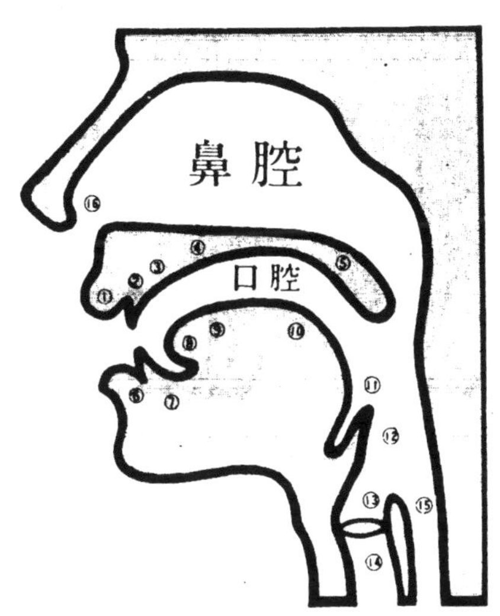

①　上唇　　　⑦　下歯　　　⑬　声帯
②　上歯　　　⑧　舌先　　　⑭　気管
③　잇몸　　　⑨　舌面　　　⑮　食道
④　硬口蓋　　⑩　혀뿌리　　⑯　鼻孔
⑤　軟口蓋　　⑪　結喉
⑥　下唇　　　⑫　喉頭蓋

발음요령도해(發音要領圖解)

b〔p〕 p〔p'〕

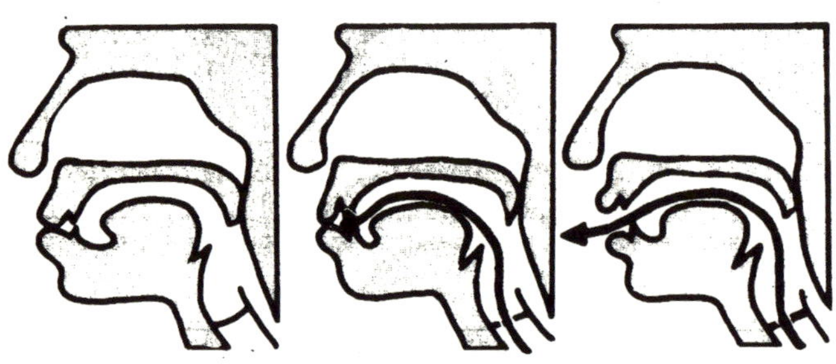

(1) 준비　　　(2) 숨을 모아 두다　　(3) 발음〈무기음 b 유기음 p

• b〔p〕　ㅃ, ㅂ

아래 위 두 입술을 다물었다가 떼면서 우리말의 「ㅂ」음을 낸다.성대를 울리지 않고 나는 불대음(不帶音)이며, 발음할 때 입김이 약하게 나가는 불송기음(不送気音)이다. 편의상 운모(韻母) o 를 붙여서 bo「뽀」로 읽는다.

• p〔p'〕　ㅍ

b의 발음요령과 같으나, 입김을 더 강하게 내보내면서 우리말의「ㅍ」음을 낸다. 즉 b가 불송기음(무기음)인데 대해 p는 송기음 (유기음)이다. 역시 편의상 운모 o 를 붙여서 po「포」로 읽는다.

14

• m〔m〕 ㅁ

아래 위 두 입술을 b, p때보다 더 강하
게 다물고, 숨을 코로 빼면서 발음한다.
우리말의 「모」에 가까우나 「모」 보다는
강하게 낸다. 성대가 울려서 나는 대음
이며 콧속을 통하여 콧구멍으로 나가는
비음이다.

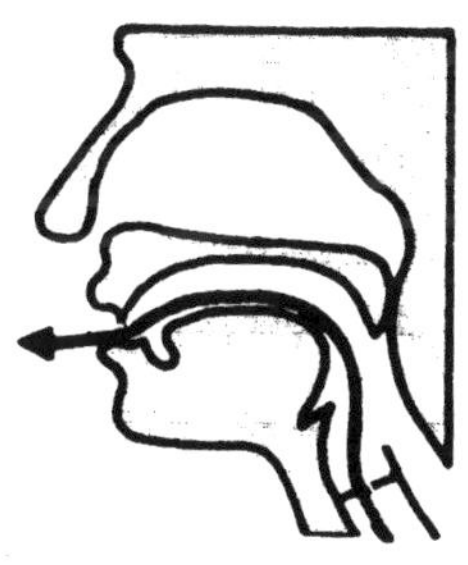

• f〔f〕 °ㅍ

윗니의 끝에다 아랫입술을 가볍게 갖다
대고 그 사이로 기류를 마찰시켜 내는
소리로, 영어의 f와 발음이 같다. 불대음
이며 우리말의 「호」와 「포」의 중간음과
비슷하다. 「°포」라고 발음한다.

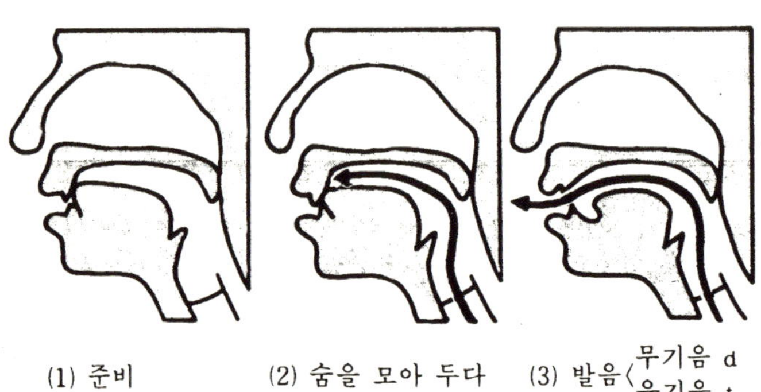

d 〔t〕 · t 〔t'〕

(1) 준비　　　(2) 숨을 모아 두다　　　(3) 발음〈무기음 d
유기음 t

• d〔t〕　ㄸ, ㄷ

혀끝을 윗 잇몸에 붙이고 있다가 떼면서 우리말의 「ㄷ」음을 낸다. 편의상 운모 e를 붙여서 de「떠」로 읽는다. 성대가 울리지 않는 불대음이며 무기음이다.

• t〔t〕　ㅌ

d의 발음요령과 같으나, 입김을 더 강하게 내보이면서 우리말의 「ㅌ」음을 낸다. 즉 d가 무기음인데 대해 t 는 유기음이다. 「터」에 가까운 음이다.

n 〔n〕

• n〔n〕　ㄴ

혀끝을 윗 잇몸에 붙이고 있다가 떼면서 우리말의 「ㄴ」음을 낸다. 성대가 울려서 나는 대음이며, 기류가 콧속을 통해 콧구멍으로 나가는 비음이다. 우리말의 「니」와 대체로 같다.

• l 〔l〕 ㄹㄹ

혀끝을 세워 윗 잇몸에 붙이고 있다가 떼면서 영어의 l발음을 낸다. 대음이며 기류가 혀의 양측으로 갈라져 나가게 되므로 설측음 또는 변음이라고도 한다. 우리말의「ㄹ러」와 비슷하나 혀끝을 떨거나 마찰시켜서는 안된다.

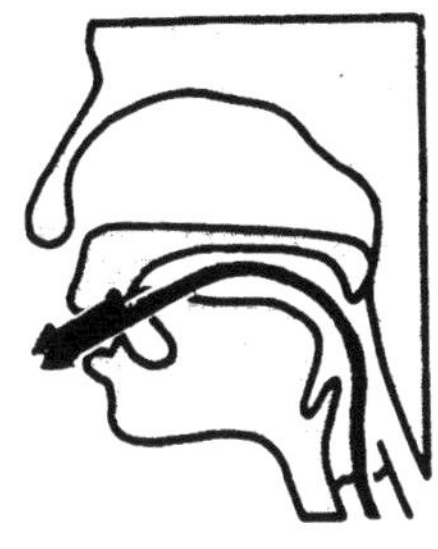

g 〔k〕 k 〔k'〕

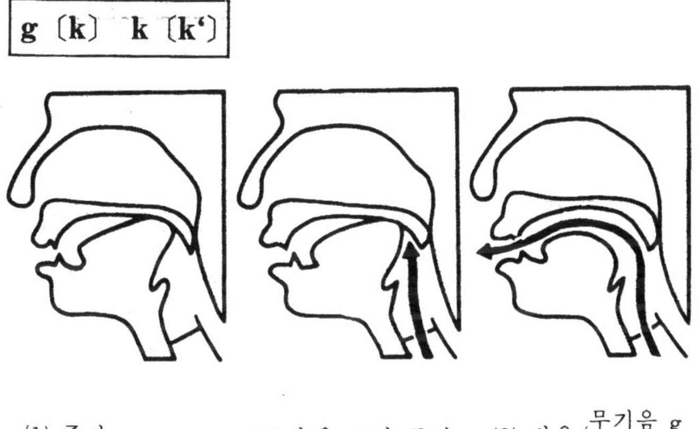

(1) 준비　　　　(2) 숨을 모아 두다　　(3) 발음〈무기음 g
유기음 k

• g〔k〕 ㄲ, ㄱ

혀뿌리를 올려 여린입천장에 붙였다가 떼면서 우리말의 「ㄱ」음을 낸다. 불대음이며 무기음이다. 편의상 운모 e을 붙여 ge(꺼)로 읽는다.

• k〔k'〕 ㅋ

g의 발음요령과 같으나, 입김을 더 강하게 내보내면서 우리말의「ㅋ」
음을 낸다. 「커」에 가까운 음이다. 유기음.

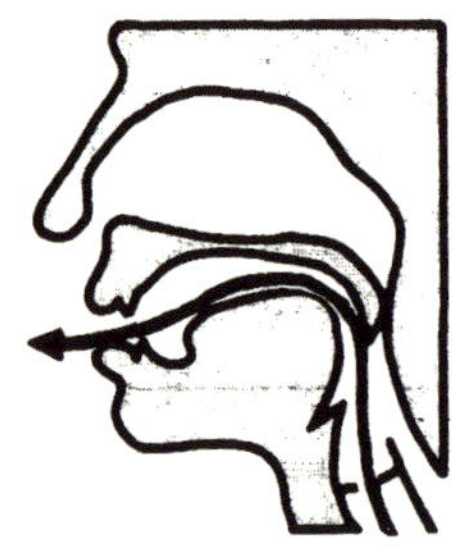

• h〔x〕 ㅎ

혀뿌리를 올려 여린입천장에 닿을 듯이
접근시키되 붙이지는 않고 그 사이로 기
류를 마찰시켜 우리 말의「ㅎ」음을 낸다.
불대음이며 역시 편의상 운모e를 붙여
he「허」로 읽는다.

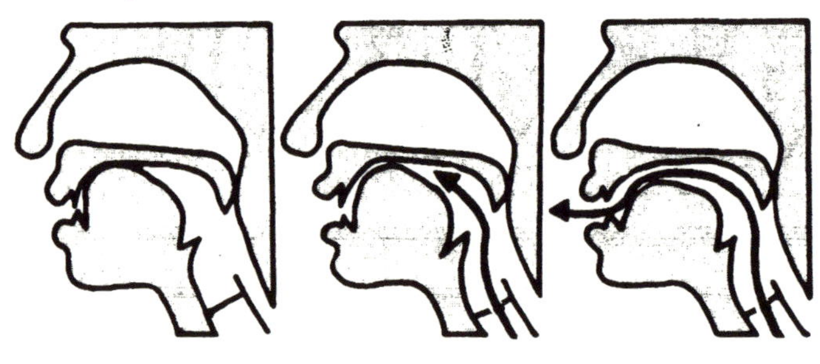

(1) 준비   (2) 숨을 모아 두다   (3) 발음〈무기음 j
                                           유기음 q

• j〔tɕ〕 지

혓바닥을 올려 굳은입천장에 가볍게 붙였다가 살짝 떼면서 그 사이
로 기류를 마찰시켜 우리말의 「ㅈ」음을 낸다. 불대음이며 무기음이다.
편의상 운모i를 붙여서 ji「지」로 읽는다.

• q〔tɕ'〕　치
j의 발음요령과 같으나 입김을 더 강하게 내보내면서 우리말의 「ㅊ」
음을 낸다. 편의상 운모i를 붙여 qi「치」로 읽는다. 유기음.

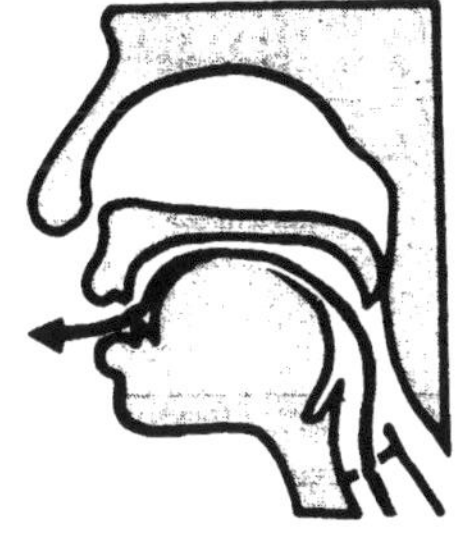

x 〔ɕ〕

• x〔ɕ〕　시
혓바닥을 굳은 입천장에 가까이 접근시
키되 붙이지는 않고 그 사이로　기류를
마찰시켜 우리말의 「ㅅ」음을 낸다. 불대
음이다. 편의상 운모i를 붙여 xi「시」로
읽는다.

zh 〔tʂ〕　ch 〔tʂ'〕

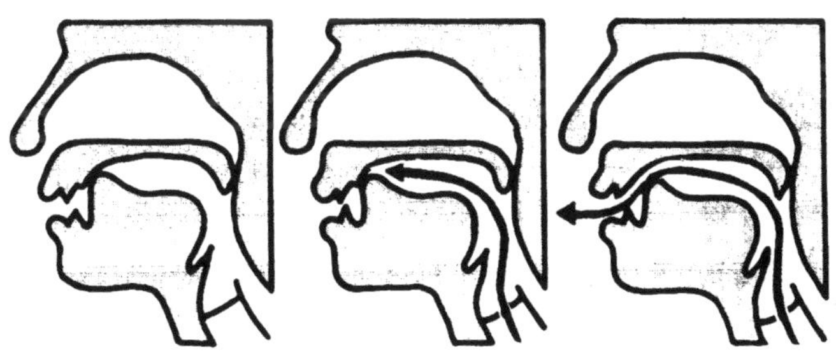

(1) 준비　　　　(2) 숨을 모아 두다　　　(3) 발음〈무기음 zh
　　　　　　　　　　　　　　　　　　　　　　유기음 ch

• zh 〔tʂ〕　°즈
혀끝을 안으로 말아올려 굳은 입천장에 가볍게 닿게 한 뒤 약간만 떼
면서 기류를 그 사이로 마찰시켜 우리말의 「ㅈ」음을 낸다.　불대음이
며 권설음의 무기음이다. 편의상 음가 없는 i를 붙여 zhi「°즈」로　읽
는다.

• ch 〔ts '〕　°츠

zh의 발음요령과 같으나, 입김을 더 강하게 내보내면서 우리말의「ㅊ」
음을 낸다. 권설음의 유기음이다.「°츠」로 읽는다.

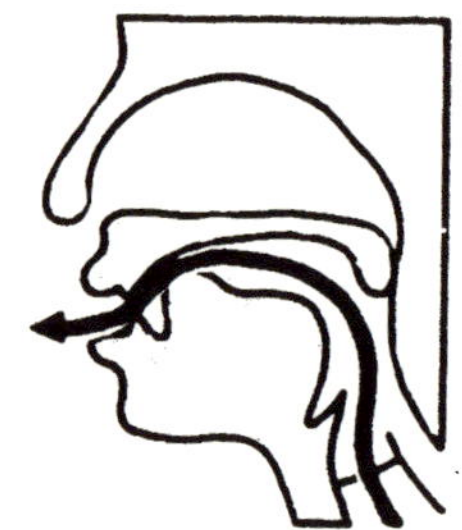

• sh 〔s〕　°스

혀끝을 안으로 말아올려 굳은 입천장에
닿을듯 말듯한 상태에서 그 사이로 기류
를 마찰시켜 우리말의「ㅅ」음을 낸다.
「°스」로 읽는다. 권설음.

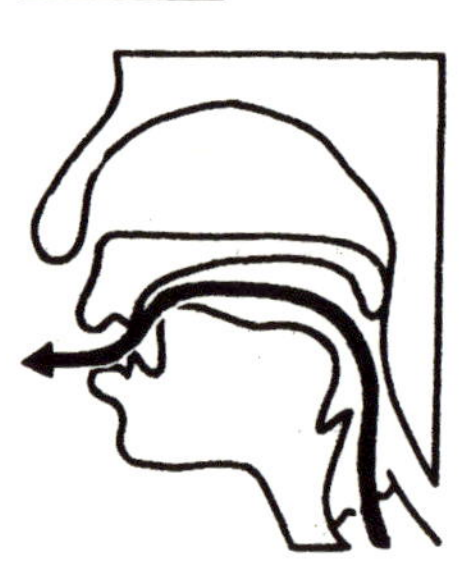

• r 〔ʐ〕　°르

sh의 발음요령과 같으나 성대를 울리면
서 우리말의「ㄹ」비슷한 음을 낸다. 즉
sh가 불대음인데 대해 r는 대음이다.
「°르」로 읽는다. 권설음.

z〔ts〕 c〔ts'〕

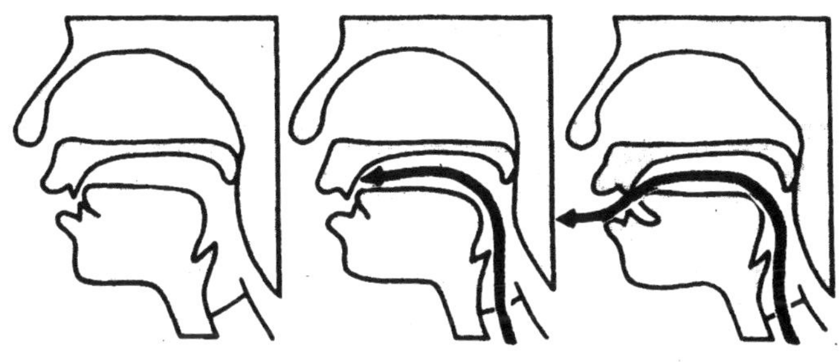

(1) 준비　　(2) 숨을 모아 두다　　(3) 발음〈유기음 z\ 무기음 c

• z〔ts〕 쯔, 즈

아랫니와 윗니를 맞물고 혀끝을 앞으로 쭉 뻗쳐 위 앞니 뒷면에 붙었
다가 조금 떼면서 그 사이로 기류를 마찰시켜 우리말의 「ㅉ」음을 낸
다. 불대음이며 무기음이다. 편의상 음가 없는 i를 붙여 zi「쯔」로 읽
는다.

• c〔ts'〕 츠

z의 발음요령과 같으나, 입김을 더 강하게 내보내면서 우리말의 「ㅊ」
음을 낸다. 즉 z가 무기음인데 대해 c는 유기음이다. 「츠」와 비슷하
다.

s〔s〕

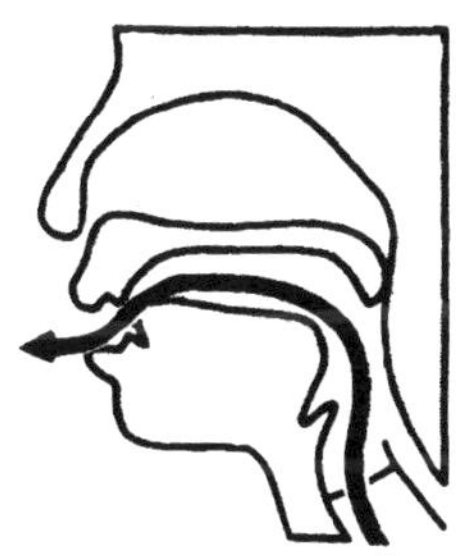

• s〔s〕 쓰, 스

아랫니와 윗니를 맞물고 혀끝이 위앞니
뒷면에 닿을듯 말듯한 상태에서 그 사이
로 기류를 마찰시켜 우리말의 「ㅆ」음을
낸다. 「쓰」와 대체로 같다.

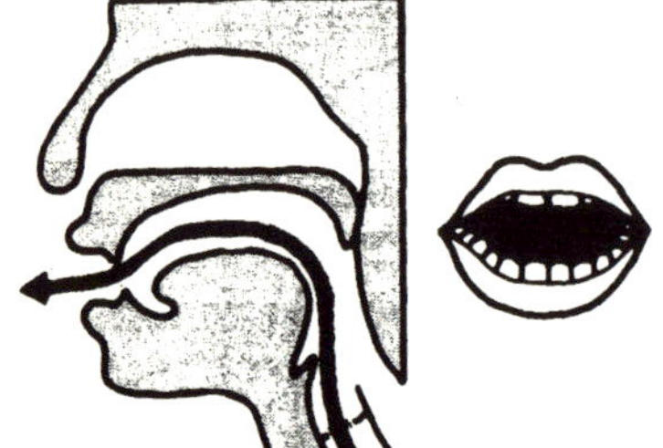

a 〔a〕

• a〔a〕 아

혀를 입바닥으로 내리고 양턱을 크게 벌리면서 우리말의 「아」음을 낸다. 우리말의 「아」보다 더 뒤에서 나는 소리이다.

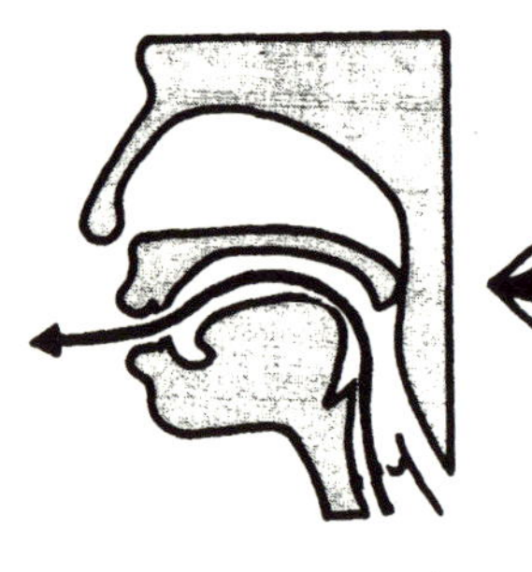

o 〔o〕

• o〔o〕 오어

우리말의 「오」보다는 입술을 둥글게 만들고 혀를 약간 올린 상태에서 우리말의 「오」와 「어」의 중간음을 낸다.

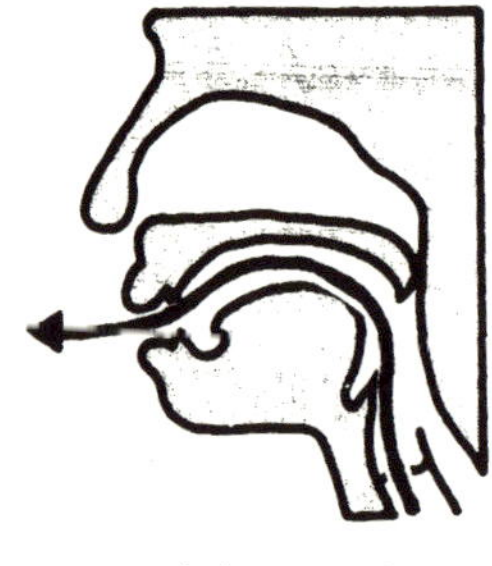

e 〔ɤ〕

• e〔ɤ〕 으어

우리말의 「아」와 「오」의 중간음으로 「어」와 비슷하나 혀를 좀더 뒤로 끌어당긴 채 뒤쪽으로부터 긴장시켜 소리낸다. 「으어」에 가깝다.

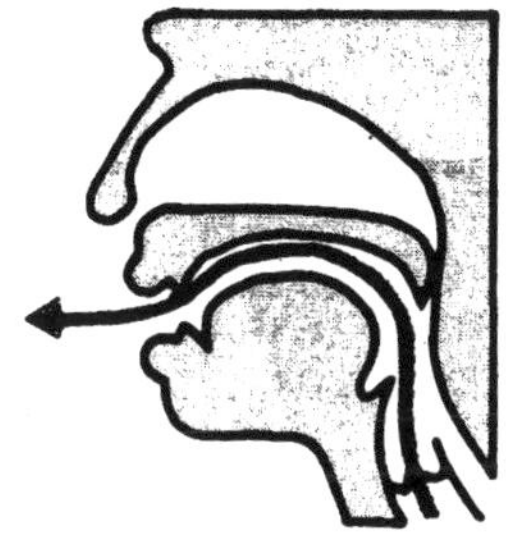

•**ê**〔ɛ〕 에

복합모음 ie의 e는〔에〕라고 발음한
다. 우리말의「에」와 비슷한 발음으로
서 입술을 약간 더 안쪽으로 끌어당겨
서 낸다.

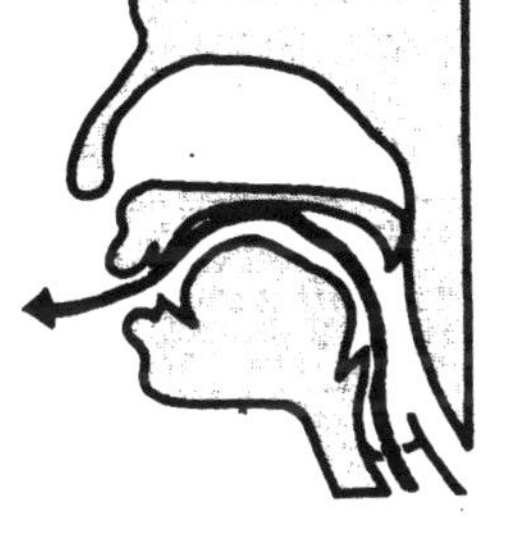

•**i**〔i〕 이

혀의 앞부분을 굳은 입천장에 가까와
지도록 올리고 입은 옆으로 벌려「이」
보다 약간 긴장시킨 상태에서 「이이」
하고 발음한다.

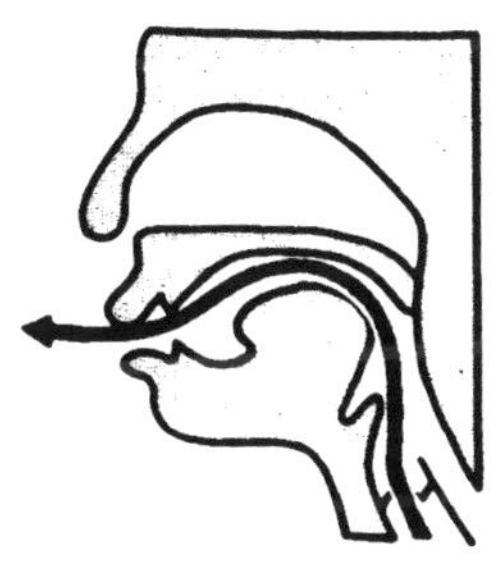

•**u**〔u〕 우

입술을 둥글게 오므리면서 더 앞으로
내밀고 혀뿌리는 여린입천장에 가까와
진 상태에서 우리말의「우」음을 낸다.

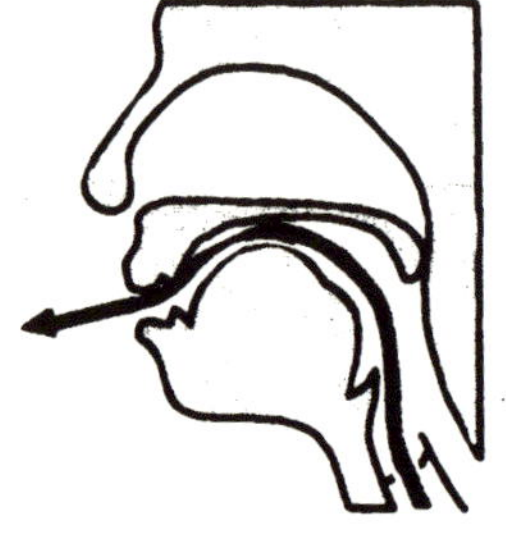

ü〔y〕

* **ü〔y〕 위**

우선 입술 모양은 「우」와 같이 둥글게 하고, 입 안의 혀의 위치는 「i」
음을 내듯이 하여 「위」하고 발음한다. 중국어에만 있는 독특한 음이
며, 발음할 때 입모양이나 혀의 위치가 처음부터 끝까지 변하지 않도
록 유의하여야 한다.

er〔ər〕

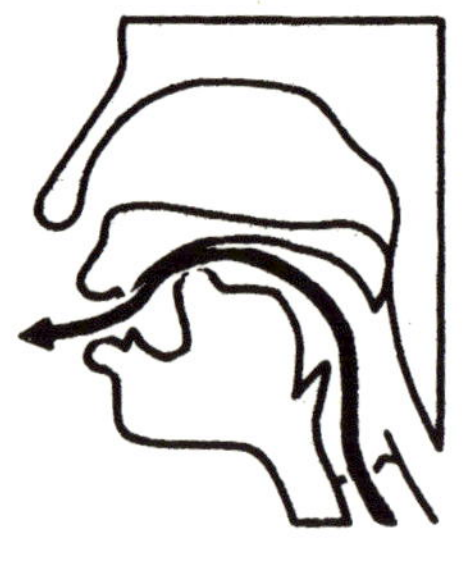

* **er〔ər〕 얼**

먼저 「어」발음을 내다가 혀끝을 굳은 입
천장을 향해 말아 올리면서   우리말의
「ㄹ」받침을 붙이면 된다.
　「어ㄹ」과 「아ㄹ」의 중간음이다.

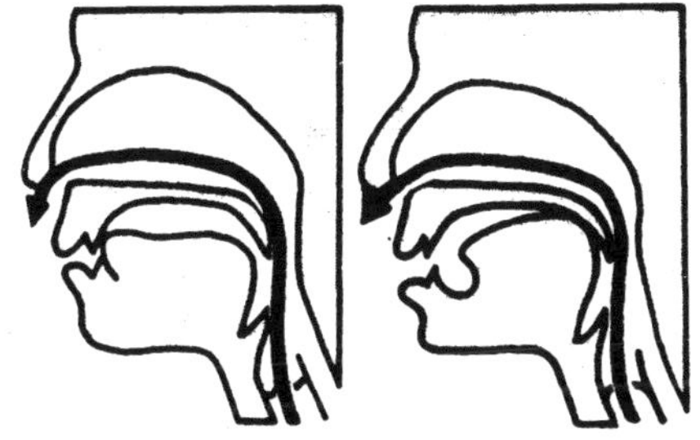

• n〔n〕 ng〔ŋ〕

중국어에는, 전비음 - n과 오비음 -ng 의 구별이 있다. 전비음(前鼻音) —n은 「응」이라고 발음한 뒤, 혀끝을 윗니의 뒤쪽에 붙여, 코로부터 숨을 뺀다. 오비음(奧鼻音)—ng은 「응」이라고 발음한 뒤, 입을 벌린 채, 혀뿌리를 위턱에 붙여 코로부터 숨을 뺀다.

● 중국어의 음절은 자음과 모음으로 구성되며 음절의 초성은 자음이고, 나머지 부분은 모음이다. 예를 들면 ba의 b는 자음이고 a는 모음이다.

● 송기(送気) 와 불송기(不送気) 음이란?

발음시 입 밖으로 배출되는 입김의 강약에 따라 송기·불송기의 구별이 있다. 불송기라고 해서 입김이 전혀 나가지 않는 것은 아니고 다만 송기의 입김에 비해 불송기의 입김이 상대적으로 약할 뿐이다.

즉, 송기는 강한 입김이요, 불송기는 약한 입김이라고 말할 수 있다. 송기음을 유기음(有気音), 불송기음을 무기음(無気音)이라고도 한다.

중국어의 성모(聲母)에서 b와 p, d와 t, g와 k, zh와 ch, z와 c는 각각 불송기와 송기로 구별된다.

● 성조(聲調)란?

한자는 일자일음(一字一音)의 원칙 이외에도 자(字)마다 고유의 성조를 가지고 있다. 똑같은 음절이라도 성조가 다르면 의미도 한자도 달라진다. 북경어를 표준으로 하는 현대 중국어에는 제1성·제2성·체3성·제4성의 4가지 성조 즉 4성(四聲)이 있다. 이제 하나의 음절 ma를 예로 들어 성조의 차이에 따라 의미가 어떻게 달라지는지 알아보자.

ma	제1성 mā	媽	(어머니)
	제2성 má	麻	(삼)
	제3성 mǎ	馬	(말)
	제4성 mà	罵	(욕하다)

이와 같이 성조는 동일한 음절에 작용하여 명백하게 의미의 차이를 부여해 주고 있다. 그러므로 성조를 정확하게 발음하지 않으면 의사 전달에 뜻하지 않은 혼선을 빚게 된다. 성조는 중국어 학습에 있어서 절대로 소홀히 해서는 안될 중요한 요소이다.

● 4성 (四声) 에 대하여

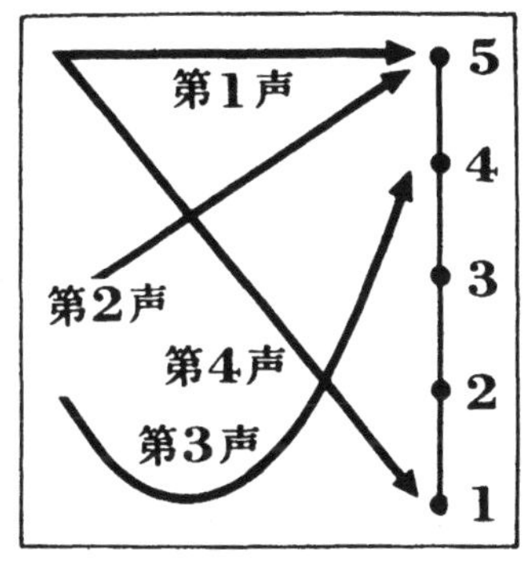

중국어에는, 어느 음절에나 일정한 성조(声調)가 있으며, 이것으로 뜻을 구별하고 있다. 이것을 4성이라 한다.

성조기호

第1声　－　높은 데서 평탄하게.

第2声　╱　중간쯤에서부터 최고로 올린다.

第3声　∨　다소 낮은 곳에서 시작하여 최저로 내렸다가, 다시 높은 곳까지 올린다.

第4声　╲　최고에서부터 최저까지 내린다.

일반적으로 중국인이 말을 할 때의 성(声)의 고저(高低)를 나타내면, 다음과 같이 된다.

3성은, 실제로 발음할 때에는, 낮춘 그대로 성조가 되는 일이 많다.

● 3성의 변화

3성은 앞뒤의 음에 영향이 되어 성조가 변한다.

3성이 두개 계속될 경우, 최초의 3성은 2성으로 변한다. 이것을 변조(変調)라 하며, 변조된 때에도 성조의 표시는 원래대로 3성의 표시를 쓴다.

nǐ hǎo(你好)→실제의 발음 ní hǎo

3성＋3성 → 2성＋3성

● 경성(軽声)이란？

4성을 일일이 가리지 않고 가볍고 약하게 발음하는 음절을 경성이라 말한다.

성조의 표시는 「o」로 표시하거나 붙이지 않는다.

경성의 높이

1성＋경성일 때는 　　　　　─.

　māma　妈妈

2성＋경성일 때는 　　　　　╱.

　xíngli　行李

3성＋경성일 때는 　　　　　╰.

　wǒmen　我们

4성＋경성일 때는 　　　　　╲.

　bàba　爸爸

●「一·七·八·不」의 변화

① 「一」는 본래 제1성이지만 제1성·제2성·제3성 앞에서는 제4성으로
변하고,   제4성 앞에서는 제2성으로 변한다.

    一天 (yī tiān) → 一天   一月 (yī yuè) → 一月

    一年 (yī nián) → 一年   一百 (yī bǎi) → 一百

② 「七」·「八」는 본래 제1성이지만 제4성 앞에서는 제2성으로 변한다.

    七月 (qī yuè) → 七月   八塊 (bā kuài) → 八塊

③ 「不」는 본래 제4성인데 제4성 앞에서는 제2성으로 변한다. 성
   조의 표시도 제2성으로 바꾸어 표시한다.

    不對 (bù duì) → 不對   不會 (bù huì) → 不會

●儿화운 (儿化韵)

er은 특수한 모음으로서 권설모음이라고도 한다.

èr   二   èryuè   二月

ér   儿   értóng   儿童

ěr   耳   ěrduo   耳朵

음절의 최후에 붙일 때는 e를 생략하고 r만을 쓰며, 한자로는 兒의
간화자 (簡化字) 「儿」를 쓴다. 이 경우, 독립된 음절이 되는 것이 아
니라, 앞의 음절의 일부가 된다. r의 붙는 음을 「儿 화운」이라하여 북
경 사람은 많이 사용한다.

huār   花儿

gàir   盖儿

●幾와 多少

「幾」는 보통 열 미만의 작은 수를 답하여 줄 것을 예상하고 묻는 경우에 사용된다. 「多少」는 그 이상의 수, 또는 수를 예상할 수 없는 경우등에 사용된다.

●권설음(捲舌音) 연습

혀끝을 위로 말아 올려 발음하므로 권설음이라고 한다.

$$\left.\begin{array}{l} \text{zhi} \\ \text{chi} \\ \text{shi} \\ \text{ri} \end{array}\right\}$$
이 경우의 i는 「이-」가 아니고, 권설음을 발음한 대로 자연히 나오는 애매한 「으」의 음이다.

zhīdao	知道		zhūròu	猪肉
zhīshi	知识		chūfā	出发
chīfàn	吃饭		shūdiàn	书店
Tángshī	唐詩		rùmén	入门
Rìběn	日本			
Zhōngguó	中国			

●n (ㄴ)과 ng (ㅇ)을 구별하는 코오스

新		前鼻音	xīn
星		奥鼻音	xīng
民		前鼻音	mín
明		奥鼻音	míng
談		前鼻音	tán
唐		奥鼻音	táng

●n·ng에 붙어 있는 모음(母音)

(1) an　　(2) en　　(3) ang　　(4) eng　　(5) ong

(6) ian　　(7) in　　(8) iang　　(9) ing　　(10) iong

(11) uan　　(12) uen　　(13) uang　　(14) ueng

(15) üan　　(16) ün

ian은, 「이엔」이며, 「이안」이 아니다.

uen의 앞에 자음이 붙을 때는 e를 생략한다.

kuen → kùn 困

●지시대명사와 인칭대명사

지시 대명사		
근칭 (近稱)	원칭 (遠稱)	부정칭 (不定稱)
zhège　这 个 zhè yíge　这一个 zhèige　这 个	nàge　那 个 nà yíge　那一个 nèige　那 个	nǎge　哪 个 nǎ yíge　哪一个 něige　哪 个

양사 (量詞)에 이어질 경우는 zhèi nèi něi와 같이 발음이 바르지　못
할 때가 많아진다.

복수는, 些 xiē를 붙인다.

인칭대명사			
수＼인칭	一인칭	二인칭	三인칭
단수	wǒ 我	nǐ 你	tā 他 她
복수	wǒmen 我們	nǐmen 你們	tāmen 他們 她們

我們	wǒmen	우리들
你們	nǐmen	당신들
他們	tāmen	그 사람들
她們	tāmen	그 여자들

제 2 편
실 용 회 화

제 **1** 과

相 識
첫인사

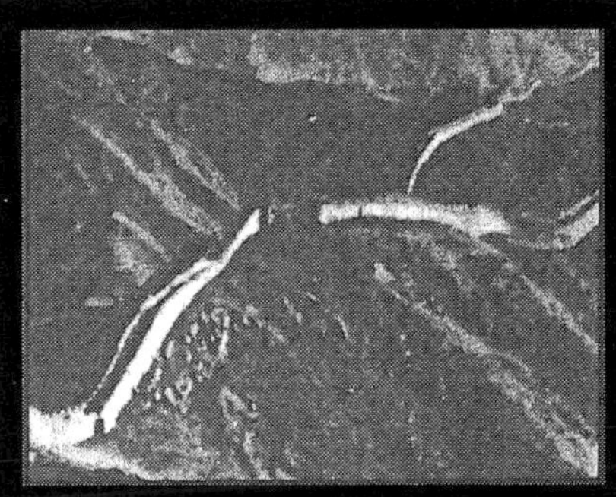

Nǐ hǎo!
金 一 你 好!
니 하오

Nǐ hǎo!
王 大 年 你 好!
니 하오

Wǒ shì Hánguórén.　Wǒ xìng Jīn　Nín guìxìng
金 一 我 是 韓国人。 我 姓 金。 您 贵姓?
워 ·스 한 꿔 ·런　워 씽 진　닌 꾸이 씽

Wǒ xìng Wáng,　wǒ jiào Wáng Dànián. Wǒ shì Zhōngguórén.
王 大 年 我 姓 王, 我 叫 王 大 年。 我 是 中国人。
워 씽 왕　워 ·짜오 왕 따 니엔　워 ·스 ·쭝 꿔 ·런

Wáng xiānsheng! Rènshi nín,　wǒ hěn gāoxìng.
金 一 王 先生! 认识 您, 我 很 高兴。
왕 씨엔 ·성　·런 ·스 닌　워 헌 까오 씽

Rènshi nín,　wǒ yě hěn gāoxìng.
王 大 年 认识 您, 我 也 很 高兴。
·런 ·스 닌　워 이에 헌 까오 씽

金 一 안녕하십니까?

王 大 年 안녕하십니까?

金 一 나는 한국인입니다. 제 성은 김입니다. 당신의 성씨는
무엇입니까?

王 大 年　제 성은 왕가이며,
　　　　　제 이름은 왕대년입니다.
　　　　　나는 중국인입니다.

金　　一　왕선생, 당신을 알게
　　　　　되어 저는 무척
　　　　　기쁩니다.

王 大 年　당신을 알게 되어
　　　　　저도 매우 기쁩니다.

替換練習 교체연습

♣ 아래 줄친 부분을 교체하여 연습하시오.

1　<u>我</u>是韓国人。　　他(她)
　　　　　　　　⟶　他们
　　　　　　　　　　我们

2　认识<u>您</u>，我很高兴。　你
　　　　　　　　　　⟶　你们
　　　　　　　　　　　他(她)

1	你	（代）nǐ	너, 당신
2	好	（形）hǎo	좋다, 인사말(안녕하세요)
3	我	（代）wǒ	나
4	是	（动）shì	~은 ~이다
5	韓国	（名）Hánguó	한국
6	人	（名）rén	사람
7	姓	（动）xìng	성, ~을 성으로 하다
8	您	（代）nín	당신(2인칭의 존칭)
9	贵姓	guìxìng	귀성, 상대방의 성을 높인 말
10	叫	（动）jiào	~라고 부르다
11	中国	（名）Zhōngguó	중국
12	先生	（名）xiānsheng	선생, 씨
13	认识	（动）rènshi	알다, 인식하다
14	很	（副）hěn	퍽, 매우
15	高兴	（形）gāoxìng	기쁘다, 즐겁다
16	也	（副）yě	~도, 역시
17	他（她）	（代）tā	그(그녀)
18	他们（她们）	（代）tāmen	그들(그녀들)

| 19 | 我们 | (代) wǒmen | 우리들 |
| 20 | 你们 | (代) nǐmen | 당신들 |

专名　　고유명사

| 1 | 金　一 | Jīn Yī | 金一 |
| 2 | 王大年 | Wáng Dànián | 王大年 |

補充生詞 / 보충단어

1	早上好	zǎoshang hǎo	아침인사
2	晚上好	wǎnshang hǎo	저녁인사
3	名字	mingzi	이름
4	什么	shénme	무엇

제 **2** 과

問候
문안인사

張 华
Jīn fūrén, nǐ shēntǐ hǎo ma?
金夫人, 你身体好吗？
진 푸런　니 썬티 하오 마

金夫人
Wǒ shēntǐ hěn hǎo. Nǐ ne?
我身体很好。你呢？
워 썬티 헌 하오　니 너

張 华
Wǒ yě hěn hǎo. Nǐ máng ma?
我也很好。你忙吗？
워 이에 헌 하오　니 망 마

金夫人
Bú tài máng. Nǐ àiren shēntǐ hǎo ma?
不太忙。你爱人身体好吗？
부 타이 망　니 아이런 썬티 하오 마

張 华
Wǒ àiren yě hěn hǎo.
我爱人也很好。
워 아이런 이에 헌 하오

金夫人
Qǐng tì wǒ wènhǎo.
请替我问好。
칭 티 워 원 하오

張 华
Hǎo, yídìng. Zàijiàn!
好, 一定。再见!
하오　이 띵　짜이지엔

金夫人
Zàijiàn!
再见!
짜이지엔

張　　華　　(김선생 의)부인,
　　　　　　건강은 어떠십니까?

金　夫　人　　저는 매우 좋습니다.
　　　　　　당신은 어떻습니까?

張　　華　　저도 매우 좋습니다.
　　　　　　당신은 바쁘십니까?

金　夫　人　　그다지 바쁘지 않습니
　　　　　　다. 당신부인의 건강은 좋습니까?

張　　華　　제 처의 건강도 매우 좋습니다.

金　夫　人　　저를 대신하여 안부를 전해 주십시오.

張　　華　　예, 꼭 전하겠습니다. 또 만납시다.

金　夫　人　　또 만납시다.

替 換 練 習　교 체 연 습

♣　아래 줄친 부분을 교체하여 연습하시오.

1　我身体很好。　→　不太好
　　　　　　　　　　不好

2　不太忙。　→　很
　　　　　　　　不

3　你爱人身体好吗?　→　父亲
　　　　　　　　　　　母亲
　　　　　　　　　　　父母

<table>
<tr><td colspan="4" align="center">生　词　／　새로나온 단어</td></tr>
<tr><td>1</td><td>夫人</td><td>（名）fūrén</td><td>부인 (외국인의 부인등에)</td></tr>
<tr><td>2</td><td>身体</td><td>（名）shēntǐ</td><td>신체, 몸</td></tr>
<tr><td>3</td><td>吗</td><td>（助）ma</td><td>의문조사, ～까</td></tr>
<tr><td>4</td><td>呢</td><td>（助）ne</td><td>의문조사, ～은</td></tr>
<tr><td>5</td><td>忙</td><td>（形）máng</td><td>바쁘다</td></tr>
<tr><td>6</td><td>不</td><td>（副）bù bù</td><td>않다, ～아니다</td></tr>
<tr><td>7</td><td>太</td><td>（副）tài</td><td>몹시, 너무</td></tr>
<tr><td>8</td><td>爱人</td><td>（名）àiren</td><td>배우자, 애인, 처
또는 남편</td></tr>
<tr><td>9</td><td>请</td><td>（动）qǐng</td><td>청컨대～하십시오</td></tr>
<tr><td>10</td><td>替</td><td>（介、动）tì</td><td>대신, ～를 대신하여
～하다</td></tr>
<tr><td>11</td><td>问好</td><td>wènhǎo</td><td>문안 드리다</td></tr>
<tr><td>12</td><td>一定</td><td>（副）yídìng</td><td>꼭, 반드시</td></tr>
<tr><td>13</td><td>再见</td><td>zàijiàn</td><td>헤어질 때 인사</td></tr>
<tr><td>14</td><td>父亲</td><td>（名）fùqin</td><td>부친, 아버지</td></tr>
<tr><td>15</td><td>母亲</td><td>（名）mǔqin</td><td>모친, 어머니</td></tr>
<tr><td>16</td><td>父母</td><td>（名）fùmǔ</td><td>부모</td></tr>
</table>

专名　　　　고유명사

1	张 华	Zhāng Huá	張 華
2	金 夫 人	Jīn fūrén	金 夫 人

補充生詞 / 보충단어

1	家里人	jiāli rén	가족, 집안사람
2	孩子	(名) háizi	아이
3	明天见	míngtiān jiàn	내일 또 만납시다
4	回头见	huítóu jiàn	또 나중에 만납시다

제 **3** 과

談家庭
가정에 대하여 말하다

张 华　Jīn xiǎojiě,　nǐ jiā zài nǎr?
金小姐, 你家在哪儿?
진 싸오제　니 쟈 짜이 나 얼

金小姐　Wǒ jiā zài Hànchéng.
我家在漢城。
워 쟈 짜이 한 청

张 华　Nǐ jiā yǒu jǐkǒu rén?
你家有几口人?
니 쟈 여우 지 커우 런

金小姐　Wǒ jiā yǒu wǔkǒu rén:　fùqin、　mǔqin、　yíge
我家有五口人: 父亲、 母亲、 一个
워 쟈 여우 우 커우 런　푸 친　무 친　이 거

gēge、　yíge mèimei. Zhāng xiānsheng, nǐ jiā zài
哥哥、 一个 妹妹。 张 先生, 你家在
꺼 거　이 거 메이메이　장 씨엔 성　니 쟈 짜이

Běijīng ma?
北京吗?
베이 징 마

张 华　Bù,　wǒ jiā zài Shànghǎi. Wǒ hé dìdi zài Běijīng.
不, 我家在上海。 我和弟弟在北京。
뿌　워 쟈 짜이 상 하이　워 허 띠 디 짜이 베이 징

金小姐　Nǐ yǒu méi yǒu jiějie?
你有没有姐姐?
니 여우 메이 여우 지에 제

Méi yǒu.

张　华　**没有。**
메이 여우

張　華　미스 김, 당신의 집은 어디에 있습니까 ?

金　孃　저의 집은 서울에 있습니다.

張　華　당신 집에는 가족이 몇 명입니까 ?

金　孃　저의 집에는 다섯 사람있습니다. 아버지, 어머니, 오빠 하나,
　　　　누이동생 하나입니다. 장선생, 당신의 집은 북경에 있습니까 ?

張　華　아니오, 저의집은 상해에 있습니다. 저와 남동생은 북경에 있습니

金　孃　당신은 누님이 있습니까 ?

張　華　없습니다.

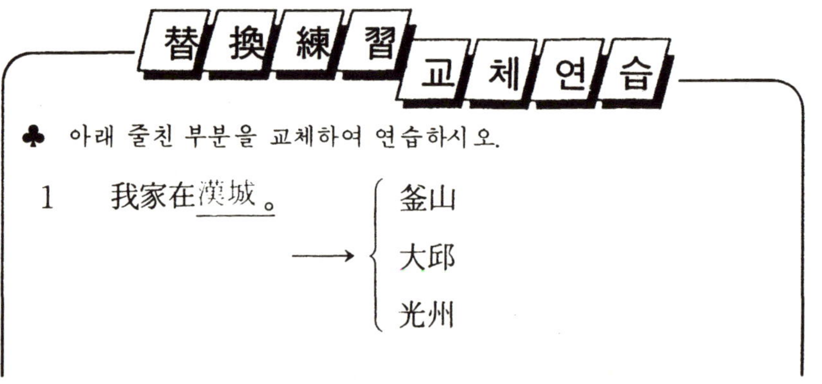

替換練習　교체연습

♣ 아래 줄친 부분을 교체하여 연습하시오.

1　我家在<u>漢城</u>。

　　　⟶ 釜山
　　　　　大邱
　　　　　光州

2　我家有<u>五口</u>人。

$$\longrightarrow \begin{cases} 两, 三 \\ 四, 六 \\ 七, 八 \\ 九, 十 \end{cases}$$

3　你有没有<u>姐姐</u>?

$$\longrightarrow \begin{cases} 男朋友 \\ 女朋友 \end{cases}$$

生　詞　／　새로나온 단어

1	家	（名）jiā	집
2	在	（动）zài	~에 있다
3	哪儿	（代）nǎr	어디
4	有	（动）yǒu	있다, 가지고 있다
5	几	（代）jǐ	몇(10이하의 수)
6	口	（量）kǒu	~사람, 식구를 세는 양사
7	五	（数）wǔ	오, 5
8	一	（数）yī	일, 1
9	个	（量）ge	~개, ~사람(사람이나 물건을 세는 양사)
10	哥哥	（名）gēge	형, 오빠
11	妹妹	（名）mèimei	여동생
12	弟弟	（名）dìdi	남동생

13	没	(副) méi	없다
14	姐姐	(名) jiějie	누나, 언니
15	两	(数) liǎng	둘, 2(개수를 말할 경우)
16	二	(数) èr	이, 2(순서를 말할 경우)
17	三	(数) sān	삼, 3
18	四	(数) sì	사, 4
19	六	(数) liù	육, 6
20	七	(数) qī	칠, 7
21	八	(数) bā	팔, 8
22	九	(数) jiǔ	구, 9
23	十	(数) shí	십, 10
24	男	(形) nán	남자
25	朋友	(名) péngyou	친구
26	女	(形) nǚ	여자

专名　　　고유명사

1	漢城	Hànchéng	서울
2	北京	Běijīng	北京
3	上海	Shànghǎi	上海
4	釜山	Fǔshān	釜山
5	光州	Guāngzhōu	光州
6	麗水	Lìshuǐ	麗水

7 金 小 姐　　Jīn　　xiǎojiě　　　　김양, 미스 김

補充生詞 ／ 보충단어

1	儿子	（名）érzi	아들
2	女儿	（名）nǚ'ér	딸
3	祖父	（名）zǔfù	조부, 할아버지
4	祖母	（名）zǔmǔ	조모, 할머니
5	外祖父	（名）wài zǔfù	외조부, 외할아버지
6	外祖母	（名）wài zǔmǔ	외조모, 외할머니
7	孙子	（名）sūnzi	손자
8	孙女	（名）sūnnǚ	손녀

제 4 과

談職業
직업에 대하여
말하다

Nǐ shì gōngrén ma?

金 一　你 是 工人 吗？
니 스 꿍 런 마

Wǒ bú shì gōngrén, wǒ shì xuésheng.

小 徐　我 不 是 工人， 我 是 学生。
워 부 스 꿍 런　워 스 슈에 성

Nǐ zài nǎr xuéxi?

金 一　你 在 哪儿 学习？
니 짜이 나 얼 슈에 시

Wǒ zài dàxué xuéxi.　Nǐ zuò shénme gōngzuò?

小 徐　我 在 大学 学习。 你 做 什么 工作？
워 짜이 따 슈에 슈에 시　니 쭤 선 머 꿍 쭤

Wǒ shì dàifu.

金 一　我 是 大夫。
워 스 따이 푸

Nǐ zài nǎr gōngzuò?

小 徐　你 在 哪儿 工作？
니 짜이 나 얼 꿍 쭤

Wǒ zài Rénchuān de yíge yīyuàn gōngzuò.

金 一　我 在 仁川 的 一个 医院 工作。
워 짜이 런 촨 더 이 거 이유안 꿍 쭤

Nǐ àiren gōngzuò ma?

小 徐　你 爱人 工作 吗？
니 아이 런 꿍 쭤 마

48

金 一　　당신은 노동자입니까?

徐　　　저는 노동자가 아니고, 학생입니다.

金 一　　당신은 어디에서 공부하고 있습니까?

徐　　　저는 대학에서 공부하고 있습니다. 당신은 무슨 일을

　　　　하고 있습니까?

金 一　　나는 의사입니다.

徐　　　당신은 어디에서 근무하고 있습니까?

金 一　　나는 인천의 한 병원에 근무하고 있습니다.

徐　　　당신 부인은 직장생활을 하고 있습니까?

金 一　　제 처는 직장생활을 하고 있지 않습니다. 그녀는 가정주부입니다.

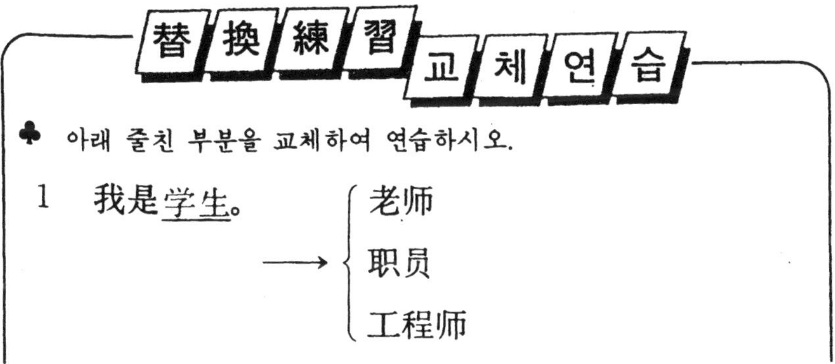

♣ 아래 줄친 부분을 교체하여 연습하시오.

1　我是<u>学生</u>。　⎧ 老师
　　　　　　　⟶ ⎨ 职员
　　　　　　　　⎩ 工程师

2 我在<u>医院</u>工作。

⟶ 银行 / 公司 / 工厂

生 詞 — 새로나온 단어

1	工人	(名) gōngrén	공인, 노동자
2	学生	(名) xuésheng	학생
3	学习	(动) xuéxí	배우다
4	大学	(名) dàxué	대학
5	做	(动) zuò	만들다, 하다
6	什么	(代) shénme	무엇
7	工作	(动) gōngzuò	일하다
8	大夫	(名) dàifu	의사
9	医院	(名) yīyuàn	병원
10	家庭	(名) jiātíng	가정
11	妇女	(名) fùnǚ	부인
12	老师	(名) lǎoshī	(학교의) 선생님, 스승
13	职员	(名) zhíyuán	사무직원, 사무원
14	工程师	(名) gōngchéngshī	기사
15	银行	(名) yínháng	은행

| 16 | 公司 | （名）gōngsī | 회사 |
| 17 | 工厂 | （名）gōngchǎng | 공장 |

专名　　고유명사

| 1 | 小徐 | Xiǎo Xú | 서양 |

補充生詞 ／ 보충단어

1	记者	（名）jìzhě	기자
2	演员	（名）yǎnyuán	배우
3	农民	（名）nóngmin	농민
4	报社	（名）bàoshè	신문사
5	农场	（名）nóngchǎng	농장
6	商店	（名）shāngdiàn	상점
7	学校	（名）xuéxiào	학교
8	经理	（名）jīnglǐ	지배인
9	主任	（名）zhǔrèn	주임
10	科长	（名）kēzhǎng	과장
11	会计	（名）kuàijì	경리, 회계
12	护士	（名）hùshi	간호원
13	中学	（名）zhōngxué	중학교
14	学院	（名）xuéyuàn	단과대학

제 **5** 과

在飯店
호텔에서

李　明
Jīn xiānsheng, zhè shì Běijīng fàndiàn. Nín jiù zhù-
金 先生， 这 是 北京 饭店。 您 就 住
진 씨엔 성　 ˚쩌 ˚스 뻬이징 ˚판 띠앤　 닌 지우 ˚쭈

zài zhèr.
在 这儿。
짜이 ˚쩌 얼

金　一
Lǐ tóngzhì, wǒde fángjiān duōshao hào?
李 同志， 我的 房间 多少 号？
ㄹ리 퉁 ˚쯔　 워 더 ˚팡 지앤 뚸 ˚싸오 하오

李　明
Shí'èr céng èrlíngwǔ hào.
十二 层 二〇五 号。
˚스 얼 청 얼 링 우 하오

Dàole, zhè jiù shì nínde fángjiān. Nín kàn zěnme-
到了， 这 就 是 您的 房间。 您 看 怎么
따오 러러　 ˚쩌 지우 ˚스 닌 더 ˚팡 지앤　 닌 칸 쩐 머

yàng?
样？
양

金　一
Búcuò. Cāntīng zài nǎr?
不错。 餐厅 在 哪儿？
부 춰 찬 팅 짜이 나 얼

李　明
Zài yīcéng. Hǎo, nín yǒu shì, qǐng zhǎo fúwùyuán.
在 一层。 好， 您 有事， 请 找 服务员。
짜이 이 청 하오 닌 여우 ˚스 칭 ˚자오 ˚푸 우 유안

52

金 一 谢谢。 再见!
　　　　Xièxie. Zàijiàn!
　　　　씨에 쎄　짜이 지앤

李 明 再见!
　　　　Zàijiàn!
　　　　짜이 지앤

李　明　김선생, 여기가 북경호텔입니다. 당신은 이곳에 투숙
　　　　하십시오.

金　一　이동지, 내 방은 몇호실입니까?

李　明　12층 205호입니다.……다왔습니다. 여기가 바로 당신의
　　　　방입니다. 당신 보시기에 어떻습니까?

金　一　좋습니다. 식당은 어디에 있습니까?

李　明　1층에 있습니다. 그럼, 일이 있으시면, 웨이터를
　　　　부르십시오.

金　一　고맙습니다. 또 뵙겠습니다.

李　明　또 뵙겠습니다.

替換練習 교체연습

♣ 아래 줄친 부분을 교체하여 연습하시오.

1　您就住在<u>这儿</u>。

　　　　　　　　　那儿
　　　　　　→　这个饭店
　　　　　　　　　那个饭店

2 二〇五号 → { 318 / 746 / 920 }

3 您有事，请找服务员。 → { 我 / 翻译 / 李同志 }

生 詞 새로나온 단어

1	这	(代)	zhè	이것, 이
2	就	(副)	jiù	바로 곧 ～
3	住	(动)	zhù	거주하다, 머물다, 살다
4	这儿	(代)	zhèr	여기, 이곳
5	同志	(名)	tóngzhì	동지, ～씨 ～군(君)
6	房间	(名)	fángjiān	방
7	多少	(代)	duōshao	얼마(수량을 물을 때)
8	号	(名)	hào	～호
9	层	(量)	céng	～층
10	〇(= 零)	(数)	líng	영, 0
11	到	(动)	dào	도착하다
12	了	(助)	le	완료표시의 조동사
13	看	(动)	kàn	보다, ～이라고 생각하다

14	怎么样	（代）zěnmeyàng	어때요?
15	不错	（形）búcuò	훌륭하다, 좋다
16	餐厅	（名）cāntīng	식당, 레스토랑
17	事(情)	（名）shì(qing)	일
18	找	（动）zhǎo	찾다
19	服务员	（名）fúwùyuán	종업원, 웨이터, 웨이트레스
20	谢谢	xièxie	고맙다
21	翻译	（名）fānyì	통역
22	这个	（代）zhège	이것, 이
23	那个	（代）nàge	저것, 저

专名　　고유명사

| 1 | 北京饭店 | Běijīng fàndiàn | 北京飯店 |
| 2 | 李　明 | Lǐ Míng | 李明 |

補充生詞 ／ 보충단어

1	旅馆	(名) lǚguǎn	여관, 호텔
2	服务台	(名) fúwùtái	프런트
3	电梯	(名) diàntī	엘리베이터
4	钥匙	(名) yàoshi	열쇠
5	浴室	(名) yùshì	욕실
6	宿舍	(名) sùshè	숙사, 기숙사

제 **6** 과

談言語
언어에 대하여 말하다

Tóngzhì, qǐngwèn, xiǎomàibù zài nǎr?

金 一　同志，请问，小卖部 在 哪儿？
통 ·즈　칭 원　싸오 마이 뿌　짜이 나 얼

Zài nàr. Nǐ shì huáqiáo ma?

服 务 员　在 那儿。你 是 华侨 吗？
짜이 나 얼　니 ·스 화 챠오 마

Bù, wǒ shì Hánguórén.

金 一　不，我 是 韓国人。
뿌，　워 ·스 한 꿔 ·런

Duìbuqǐ.

服 务 员　对不起。
뚜이 뿌 치이

Méi guānxi.

金 一　没 关系。
메이 꽌 시

Nǐ Zhōngwén shuōde búcuò.

服 务 员　你 中文 说得 不错。
니 ·쭝 원 ·숴 더 부 춰

Nǎli, nǎli. Nǐ huì Yīngwén ma?

金 一　哪里，哪里。你 会 英文 吗？
나 리　나 리　니 후이 잉 원 마

Wǒ néng kàn yìdiǎnr, bú huì shuō.

服 务 员　我 能 看 一点儿，不 会 说。
워 넝 칸 이 디 얼　뿌 후이 ·숴

金 　一
Wǒ shuō Yīngwén,
我 说 英 文, 你
dǒng bu dǒng?
懂 不 懂?

服 务 员
Nǐ màn yìdiǎnr shuō,
你 慢 一点儿 说,
wǒ dǒng.
我 懂。

金　一	동지 말씀 좀 묻겠는데, 매점은 어디에 있습니까?
종 업 원	저기 있습니다. 당신은 화교입니까?
金　一	아니오, 저는 한국사람입니다.
종 업 원	미안합니다.
金　一	괜찮습니다.
종 업 원	당신은 중국어를 잘 하시는군요.
金　一	뭘요. 당신은 영어를 할줄 아십니까?
종 업 원	조금 읽기는 해도, 말은 하지 못합니다.
金　一	내가 영어를 하면, 알아 들을 수 있습니까?
종 업 원	조금 천천히 말하면 알아듣습니다.

替換練習　교체연습

♣ 아래 줄친 부분을 교체하여 연습하시오.

1　你中文说得<u>不错</u>。 —→ { 很好 　 很清楚 }

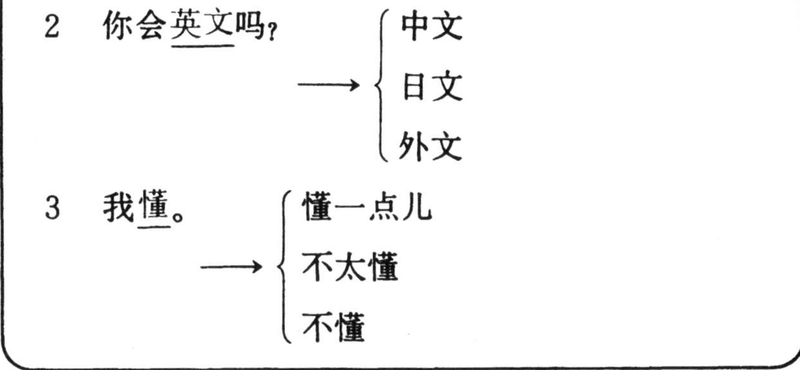

生　詞　／　새로나온 단어

1	同志	tóngzhì	(모르는 사람에게 말을 걸때) 미안합니다만, ~동지, ~씨, ~군(君)
2	清问	qǐngwèn	말씀 좀 묻겠습니다만…
3	小卖部	(名) xiǎomàibù	매점
4	华侨	(名) huáqiáo	화교
5	对不起	duìbuqǐ	미안합니다
6	没关系	méiguānxi	괜찮다
7	中文	(名) Zhōngwén	중국어
8	说	(动) shuō	말하다
9	得	(助) de	구조조사
10	哪里	(代) nǎli	어디
11	会	(动、助动) huì	~할 수 있다(배워서)
12	日文	(名) Rìwén	일본어

13	能	(助动) néng	~할 수 있다(능력이 있어)
14	一点儿	yìdiǎnr	조금, 약간
15	懂	(动) dǒng	이해하다, 알다
16	慢	(形) màn	느리다(스피드가), 천천히
17	英文	(名) Yīngwén	영어
18	清楚	(形) qīngchu	분명하다
19	外文	(名) wàiwén	외국어

補充生詞 / 보충단어

1	书	(名) shū	책
2	杂志	(名) zázhì	잡지
3	法文	(名) Fǎwén	불어
4	德文	(名) Déwén	독일어
5	报	(名) bào	신문
6	广播	(名) guǎngbō	방송
7	快	(形) kuài	빠르다(스피드가)
8	听	(动) tīng	듣다
9	写	(动) xiě	쓰다

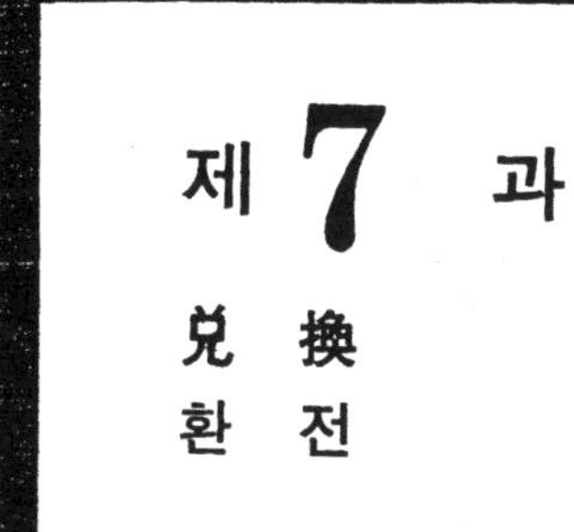 

제 **7** 과

兌 換
환 전

Tóngzhì,　wǒ yào huàn qián.

金　一　同志，我 要 换 钱。
　　　　퉁 °즈　워 야오 환 치옌

Nǐ huàn duōshao qián?

营业员　你 换 多少 钱?
　　　　니　환　뚸 °쌰오 치옌

Wǒ huàn èrshíwàn Rìyuán.

金　一　我 换 二十万 日元。
　　　　워 환 얼 °스 완 °르 유안

Qǐng nǐ tián yìzhāng duìhuàndān.

营业员　请 你 填 一张 兑换单。
　　　　칭 니 티옌 이 °장 뚜이 환 딴

Hǎo,　tiánwán le.　Nǐ kànkan,　duì bu duì?

金　一　好，填完 了。你 看看，对 不 对?
　　　　하오　티옌 완 러　니 칸 칸　뚜이 뿌 뚜이

Duì.

营业员　对。
　　　　뚜이

Páijià shì duōshao?

金　一　牌价 是 多少?
　　　　파이 쟈 °스 뚸 °쌰오

Páijià shì shíwàn Rìyuán huàn qībǎi liùshí kuài Rénmín·

营业员　牌价 是 十万 日元 换 七百 六十 块 人民
　　　　파이 쟈 °스 °스 완 °르 유안 환 치 빠이 르리우 °스 콰이 °런 민

bì.　Èrshíwàn Rìyuán
币。二十万日元
뻬　　　얼 °스 완 °르 유안
yígòng huàn yìqiān wǔ-
一共 换 一千 五
이 꿍 환 이 치엔 우
bǎi èrshí kuài Rénmín-
百 二十 块 人民
빠이 얼 °스 콰이 °런 민
bì.　Zhè shì wàihuì-
币。这 是 外汇
뻬　　°쩌 °스 와이후이
quàn.　Qǐng nǐ diǎn yíxià.
券。请 你 点 一下。
쳰　　 칭 니 디엔 이 쌰

Hǎo,　xièxie nǐ.　Zàijiàn!
金 一 好, 谢谢 你。再见!
하오　 씨에 셰 니　 짜이 지엔

Zàijiàn!
营业员 再见!
짜이 지엔

金 一　동지, 환전을 하고 싶은데요.

業務職員　얼마나 바꾸실 겁니까?

金 一　일화 20만엔을 바꾸려 합니다.

業務職員　그럼, 환 청구서에 기재해 주십시오.

金 一　예, 기재했습니다. 맞는지 좀 보아 주십시
오.

業務職員　맞습니다.

金 一　환율은 얼마입니까?

業務職員　환율은 일화 10만엔이 중국돈 7백 60원입 니 다.

일화 20만엔이면 중국돈 천5백20원을 바꿀수 있습니다.

이것은 외화권이니 맞는지 세어보십시오.

金　一　　　맞습니다, 고맙습니다. 안녕히 계십시오.

業務職員　　안녕히 가십시오.

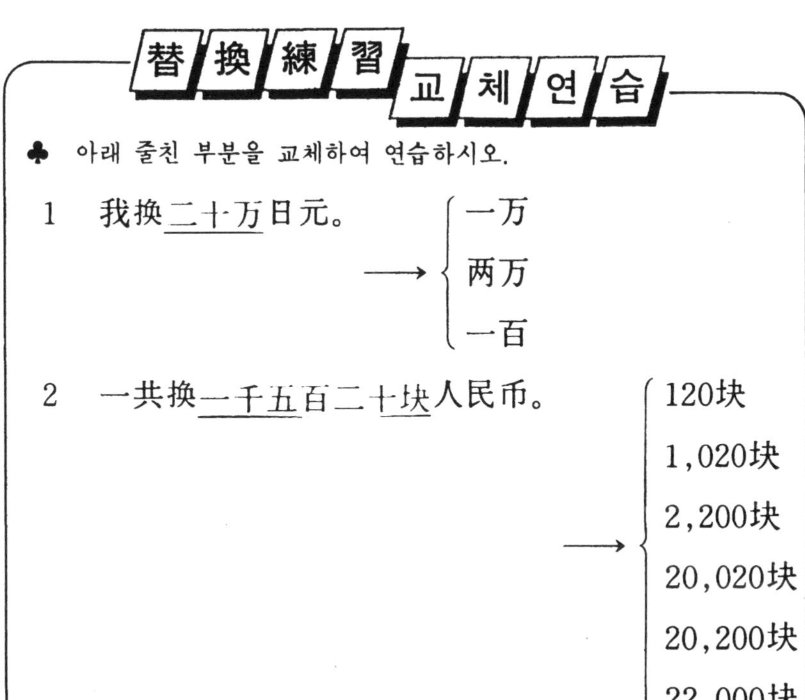

生　詞　　새로나온 단어

1	要	(助动) yào	~하려다
2	换	(动) huàn	바꾸다
3	钱	(名) qián	돈

4	营业员	（名）yíngyèyuán	업무직원, 창구직원
5	万	（数）wàn	만, 10,000
6	日元	（名）Rìyuán	일본돈
7	填	（动）tián	메꾸다, 채우다, 기입하다
8	张	（量）zhāng	장, 종이 등을 세는 양사
9	兑换单	（名）duìhuàndān	환전표
10	完	（动）wán	끝내다
11	对	（形）duì	맞다, 옳다
12	今天	（名）jīntiān	오늘
13	牌价	（名）páijià	공정 가격, 환율
14	百	（数）bǎi	백, 100
15	块(＝元)	（量）kuài(yuán)	元과 같음(금전 표시의 양사)
16	人民币	（名）Rénmínbì	인민화폐
17	一共	（副）yígòng	모두, 합계
18	千	（数）qiān	천, 1,000
19	外汇券	（名）wàihuìquàn	외화권
20	点	（动）diǎn	맞는지 세다, 첵크하다
21	一下	yíxià	한 차례

補充生詞 / 보충단어

1	旅行支票	（名）	lǚxíng zhīpiào	여행자 수표
2	美元	（名）	Měiyuán	달러
3	英镑	（名）	Yīngbàng	파운드
4	法郎	（名）	Fǎláng	프랑
5	港币	（名）	Gǎngbì	홍콩달러

제 8 과

問 路
길을 묻다

Qǐng wèn, bǎihuò dàlóu zài nǎr?

金 一 请问，百货 大楼 在 哪儿?
칭 원 빠이 훠 따 러우 짜이 나 얼

Zài Wángfǔjǐng.

高 志 在 王府井。
짜이 왕 ·푸 징

Yuǎn ma?

金 一 远 吗?
유안 마

Bú tài yuǎn.

高 志 不 太 远。
부 타이 유안

Zěnme zǒu? Zuò jǐ lù qìchē qù?

金 一 怎么 走? 坐 几 路 汽车 去?
쩐 머 쩌우 쭤 지 루 ·치 ·처 취

Zuò yīlù chē qù.

高 志 坐 一路 车 去。
쭤 이 루 ·처 취

Chēzhàn zài nǎr?

金 一 车站 在 哪儿?
·처 ·짠 짜이 나 얼

Zài nàr.

高 志 在 那儿。
짜이 나 얼

66

Yào huàn chē ma?

金　一　要 换 车 吗?
　　　야오　환　처　마

Bú yòng huàn chē.

高　志　不 用 换 车。
　　　부　용　환　처

Zài nǎr xià chē?

金　一　在 哪儿 下 车?
　　　짜이　나 얼　싸　처

Jiù zài Wángfǔjǐng xià

高　志　就 在 王府井 下
　　　지우 짜이　왕 푸 징　싸

chē. Xià chē wàng běi zǒu, hěn kuài jiù dào le.

　　车。 下 车 往 北 走, 很 快 就 到 了。
　　처　　싸 처 왕 뻬이 쩌우　헌 콰이 지우 따오 러

Xièxie nǐ.

金　一　谢谢 你。
　　　씨에 쎼　니

Bú xiè.

高　志　不 谢。
　　　부　씨에

金　一　말씀 좀 묻겠습니다만, 백화점이 어디에 있습니

　　　까?

高　志　왕부정에 있습니다.

金　一　멉니까?

高　志　그다지 멀지 않습니다.

金　一　어떻게 갑니까? 몇번 차를 타고 갑니까?

高　志　1번 차에 타고 가십시오.

金　一　정류장은 어디에 있습니까?

高　志　저기 있습니다.

金	一	차를 갈아타야 합니까?
高	志	갈아 탈 필요 없습니다.
金	一	어디서 내립니까?
高	志	바로 왕부정에서 내립니다. 하차해서 북쪽으로 가면 곧 도착합니다.
金	一	감사합니다.
高	志	괜찮습니다.

替換練習 교체연습

♣ 아래 줄친 부분을 교체하여 연습하시오.

1 百货大楼在哪儿？ ⟶ 邮局 / 东风市场 / 友谊商店

2 坐一路车去。 ⟶ 汽车 / 电车 / 地铁

3 在哪儿下车？ ⟶ 上车 / 换车

4 下车往北走。 ⟶ 东(边) / 西(边) / 南(边)

生　詞　／　새로나온 단어

1	远	(形) yuǎn	멀다
2	怎么	(副) zěnme	어떻게
3	走	(动) zǒu	걷다, 가다
4	坐	(动) zuò	앉다, (차를)타다
5	路	(名) lù	버스의 노선번호
6	汽车	(名) qìchē	자동차
7	去	(动) qù	가다
8	(车)站	(名) (chē)zhàn	역, 정류장
9	不用	búyòng	～할 필요 없다
10	下(车)	(动) xià(chē)	(차에서) 내리다
11	往	(介) wàng	～으로
12	北(边)	(名) běi(biān)	북, 북쪽
13	上(车)	(动) shàng(chē)	(차에) 타다
14	东(边)	(名) dōng(biān)	동, 동쪽
15	西(边)	(名) xī(biān)	서, 서쪽
16	南(边)	(名) nán(biān)	남, 남쪽
17	邮局	(名) yóujú	우체국
18	电车	(名) diànchē	전차, 전철

19	地铁	dìtiě	지하철

专名　　고유명사

1	东风市场	Dōngfēng shìchǎng	東風市場
2	友谊商店	Yǒuyì shāngdiàn	友誼商店
3	高　志	Gāo Zhì	高志

補充生詞 ／ 보충단어

1	前边	(名) qiánbiānr	앞쪽, 전면
2	后边	(名) hòubiānr	뒤쪽
3	左边	(名) zuǒbiānr	왼쪽
4	右边	(名) yòubiānr	오른쪽
5	十字路口	(名) shízilùkǒu	십자로, 네거리
6	拐弯	(名) guǎiwānr	(모퉁이를) 돌다

제 9 과

買東西
쇼 핑

(1)买水果　　　과일을 사다

金小姐
Tóngzhì,　wǒ mǎi píngguǒ.
同志，我买苹果。
퉁 ·즈　워 마이 핑 꿔

售货员
Nǐ yào nǎzhǒng?
你要哪种？
니 야오 나·쭝

金小姐
Zhèzhǒng duōshao qián yìjīn?
这种 多少 钱 一斤？
·쩌·쭝 뛰·싸오 치엔 이 신

售货员
Zhèzhǒng wǔ máo wǔ (fēn).
这种 五毛五（分）。
·쩌·쭝 우 마오 우 ·펀

金小姐
Nàzhǒng ne?
那种 呢？
나·쭝　너

售货员
Nàzhǒng sì máo èr (fēn).
那种 四毛二（分）。
나·쭝 쓰 마오 얼 ·펀

金小姐
Wǒ mǎi wǔ máo wǔ de.
我买五毛五的。
워 마이 우 마오 우 더

售货员
Nǐ yào jǐjīn?
你要几斤？
니 야오 지 신

金小姐   *Yào liǎngjīn.*
要 两 斤。
야오 량 진

售货员   *Hái yào biéde ma?*
还 要 别 的 吗?
하이 야오 비에더 마

金小姐   *Bú yào le.   Yígòng*
不 要 了。 一 共
부 야오 러 이 꿍

duōshao qián?
多 少 钱?
뚸 °셔오 치앤

售货员   *Yígòng yí kuài yī (máo).*
一 共 一 块 一 (毛)。
이 꿍 이 콰이 이 마오

金　孃   동지, 사과를 사려고 합니다.

店　員   어떤 종류를 원하십니까?

金　孃   이 종류는 한 근에 얼마입니까?

店　員   이 종류는 55전입니다.

金　孃   저 종류는?

店　員   저 종류는 42전입니다.

金　孃   55전짜리를 사겠습니다.

店　員   몇 근 드릴까요?

金　孃   2근 필요합니다.

店　員   또 다른 것도 필요합니까?

金　孃   필요없습니다. 모두 얼마입니까?

店　員   전부 합쳐서 1원10전 입니다.

♣ 아래 줄친 부분을 교체하여 연습하시오.

1 我买<u>苹果</u>。 ⟶ 梨 / 葡萄 / 香蕉 / 橘子

2 多少钱<u>一斤</u>？ ⟶ 一个 / 一张 / 一本

3 这种<u>五毛五</u>。 ⟶ 0.20元 / 0.22元 / 2.02元

4 我要<u>两斤</u>。 ⟶ 半斤 / 一斤 / 一斤半

生 詞 / 새로나온 단어

1	买	(动) mǎi	사다
2	东西	(名) dōngxi	물건
3	水果	(名) shuǐguǒ	과일
4	售货员	(名) shòuhuòyuán	판매원, 점원
5	苹果	(名) píngguǒ	사과
6	哪	(代) nǎ	어느 것
7	种	(量) zhǒng	종류
8	斤	(量) jīn	근(1근＝500g)
9	毛	(量) máo	"元"의 10분의 1
10	分	(量) fēn	"毛"의 10분의 1
11	还	(副) hái	또, 아직
12	别的	(代) biéde	다른 것
13	本	(量) běn	～권
14	梨	(名) lí	배
15	葡萄	(名) pútao	포도
16	香蕉	(名) xiāngjiāo	바나나
17	橘子	(名) júzi	귤
18	半	(数) bàn	2분의 1, 절반

1	桃	（名）táo	복숭아
2	菠萝	（名）bōluó	파인애플
3	西瓜	（名）xīguā	수박
4	汽水	（名）qìshuǐ	사이다
5	罐头	（名）guàntou	통조림
6	糖	（名）táng	설탕, 사탕
7	饼干	（名）bǐnggān	비스켓
8	点心	（名）diǎnxin	과자, 간식, 스넥

(2)买鞋　　신발을 사다

翻　译
Jīn xiǎojiě,　míngtiān nǐ qù Chángchéng ma?
金 小姐，明 天 你 去 长 城 吗?

金 小姐
Dāngrán qù.
当 然 去。

翻　译
Nǐ bié chuān gāogēnrxié qù a.
你 别 穿 高跟鞋 去 啊。

金 小姐
Hǎo.　Wǒ méi you biéde xié.　Wǒ qù mǎi yìshuāng.
好。我 没 有 别 的 鞋。我 去 买 一 双。

※

售货员
Nín mǎi shénme xié?
您 买 什么 鞋?

金 小姐
Qǐng gěi wǒ kànkan nà shuāng bùxié.
请 给 我 看 看 那 双 布 鞋。

售货员
Nín chuān duōshao hào
您 穿 多 少 号

de?
的?

金 小姐
Wǒ yě bù zhīdào.
我 也 不 知道。

售货员
Nín shìshi zhèshuāng.
您 试 试 这 双。

金 小姐
Zhèshuāng tài dà
这双 太大

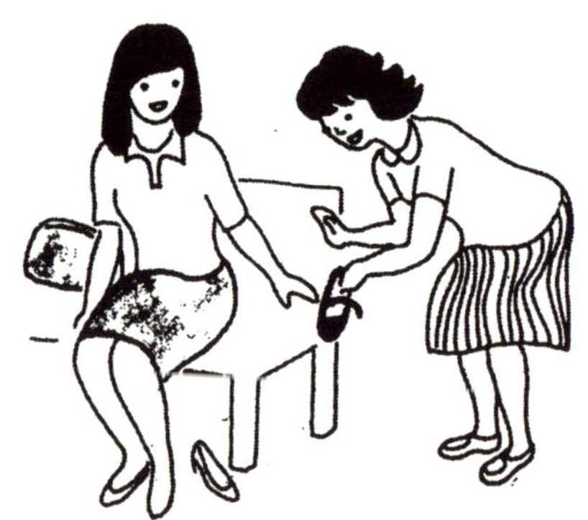

le, yǒu xiǎo yìdiǎnr de ma?
了, 有小一点儿的吗?
러 여우 쌰오 이 디 얼 더 마

Yǒu. Zhèshuāng zěnmeyàng?
售货员 有。 这双 怎么样?
여우 '쩌 '쐉 쩐 머 양

Zhèshuāng bú dà bù xiǎo, hěn héshì. Wǒ jiù mǎi
金小姐 这双 不大不小, 很合适。 我就买
'쩌 '쐉 뿌 따 뿌 쌰오 헌 허 '스 워 지우 마이

zhèshuāng.
这双。
'쩌 '쐉

※

通 訳	미스 김, 내일 당신은 만리장성에 가십니까?
金 孃	물론 가야죠.
通 訳	하이힐을 신고 가지 마십시오.
金 孃	예, 나는 다른 신이 없습니다. 한 켤레 사러
	가야겠습니다.

※

店 員 어떤 신발을 사시겠습니까?

金 孃 저에게 저 헝겊 신발을 보여 주십시오.

店 員 당신은 몇 호를 신습니까?

金 孃 나도 모르겠습니다.

店 員 이 신발을 신어 보십시오.

金 孃 이건 너무 큽니다. 조금 작은거 있습니까?

店 員 있습니다. 이것은 어떻습니까?

金 孃 이것은 크지도 작지도 않고, 딱 맞습니다. 이것을
사겠습니다.

替換練習 교체연습

♣ 아래 줄친 부분을 교체하여 연습하시오.

1 请给我看看那双布鞋。 → 那件衣服 / 那条裤子

2 这双太大了。 → 小 / 肥 / 瘦

3 有小一点儿的吗? → 好 / 便宜 / 贵

生 詞 / 새로나온 단어

1	明天	(名) míngtiān	내일
2	当然	(副) dāngrán	물론, 당연히
3	别	(副) bié	~하지 말라 (금지를 나타냄)
4	穿	(动) chuān	입다
5	高跟鞋	(名) gāogēnrxié	하이힐
6	鞋	(名) xié	신발
7	双	(量) shuāng	~켤레
8	给	(介) gěi	~을 위해서 (해 드리다)

9	布鞋	(名) bùxié	헝겊신
10	知道	(动) zhīdào	알다
11	试	(动) shì	시험하다, 테스트하다
12	大	(形) dà	크다
13	小	(形) xiǎo	작다
14	合适	(形) héshì	알맞다, 적당하다
15	件	(量) jiàn	~벌 (의복을 셀때)
16	衣服	(名) yīfu	의복, 옷
17	条	(量) tiáo	바지, 길, 하천 등 가늘고 긴 물체를 세는 양사
18	裤子	(名) kùzi	바지
19	肥	(形) féi	헐렁 헐렁하다
20	瘦	(形) shòu	(의복 또는 신발이) 작아서 옹색하다
21	便宜	(形) piányi	(값이) 싸다
22	贵	(形) guì	비싸다

专名　　고유명사

| 1 | 长城 | Chángchéng | 만리장성 |

補充生詞 / 보충단어

1	皮鞋	(名)	píxié	구두(단화)
2	球鞋	(名)	qiúxié	운동화
3	拖鞋	(名)	tuōxié	슬리퍼
4	上衣	(名)	shàngyi	저고리, 웃옷
5	衬衫	(名)	chènshān	와이셔츠, 부라우스
6	裙子	(名)	qúnzi	치마, 스커트
7	袜子	(名)	wàzi	양말
8	手绢儿	(名)	shǒujuànr	손수건

(3)买纪念品　　기념품을 사다

金夫人
Jīntiān wǒ dì yī cì lái Chángchéng. Xiǎng mǎi yìxiē
今天我第一次来长城。 想买一些
쩐 티엔 워 띠 이 츠 라이 창 청　　쌍 마이 이 시에
jìniànpǐn. Zhāng xiānsheng, zhèr yǒu xiǎo shāngdiàn
纪念品。张 先生, 这儿 有 小 商店
지 니엔 핀　장 씨엔 성　 쩌 얼 여우 싸오 상 띠엔
ma?
吗?
마

张华
Yǒu. Nǐ kàn, nàr jiù shì xiǎo shāngdiàn.
有。你看, 那儿 就 是 小 商店。
여우　니 칸　나 얼 지우 스 싸오 상 띠엔

金夫人
Wǒmen qù kànkan.
我们 去 看看。
워 먼 취 칸 칸

※

金小姐
Nǐ kàn, nàfú cìxiù zěnmeyàng?
你看, 那幅 刺绣 怎么样?
니 칸　나 푸 츠 씨우 쩐 머 양

金夫人
Hǎo jile.
好 极了。
하오 지 러

金小姐
Tóngzhì, nàfú cìxiù duōshao qián?
同志, 那幅 刺绣 多少 钱?
통 즈　나 푸 츠 씨우 뚸 싸오 치엔

售货员
Èr bǎi wǔshí kuài.
二 百 五十 块。
얼 빠이 우 스 콰이

金小姐
Tài guì le.
太 贵 了。
타이 꾸이 러

金夫人　Zhèzhǒng shànzi zhēn hǎo.　Wǒ xiǎng mǎi jǐ bǎ sòng
　　　　这种 扇子真好。我 想 买几把送
　　　　gěi péngyou. Tóngzhì, wǒ mǎi wǔ bǎ shànzi.
　　　　给 朋友。 同志, 我 买 五把 扇子。

售货员　Hǎo, Yígòng sānshí kuài. Hái yào shénme?
　　　　好。 一共 三十 块。 还要 什么?

金小姐　Máfan nǐ, gěi wǒ yí tào Chángchéng de túpiàn
　　　　麻烦你, 给我一套 长 城 的 图片·
　　　　ba.
　　　　吧。

售货员　Hǎo, zhètào túpiàn yí kuài líng wǔ.
　　　　好, 这套 图片 一块 零五。

金　　孃	오늘 나는 처음으로 만리장성에 왔습니다. 기념품 을 좀 사고 싶습니다. 장선생, 여기에는 소매점이 있습니까?
張　　華	있습니다. 보세요, 저기가 바로 소매점입니다.
金　夫　人	우리 가봅시다.

※

金　　孃	보세요, 저 자수 어떠세요?
金　夫　人	아주 좋군요.
金　　孃	동지, 저 자수 얼마입니까?
店　　員	250원입니다.
金　　孃	너무 비싸군요.
金　夫　人	이런 종류의 부채는 아주 좋군요. 나는 몇 개 사서 친구에게 줘야겠습니다. 동지, 부채를 다섯개 사겠습니다.
店　　員	좋습니다. 모두 30원입니다. 그밖에 무엇이 필요합니까?
金　　孃	수고스럽지만, 만리장성 그림엽서를 한 벌 주십시오.
店　　員	예, 이 그림엽서 세트는 1원5전입니다.

替 换 練 習 / 교 체 연 습

♣ 아래 줄친 부분을 교체하여 연습하시오.

1 我想买<u>一些纪念品</u>。 → { 一些纪念章 / 一套纪念邮票 }

2 <u>好</u>极了。 → { 漂亮 / 远 / 近 }

3 麻烦你，给我<u>一套图片</u>吧。 → { 这套图片 / 那套图片 }

生 詞 / 새로나온 단어

1	第	(头) dì	제~
2	次	(量) cì	~차례(회수를 나타냄)
3	来	(动) lái	오다
4	一些	yìxiē	좀, 약간
5	纪念品	(名) jìniànpǐn	기념품
6	小商店	(名) xiǎo shāngdiàn	규모가 작은 상점, 소매점
7	幅	(量) fú	~폭(서화등을 세는)
8	刺绣	(名) cìxiù	자수
9	…极了	…jíle	아주, 대단히, 매우

10	扇子	（名）shànzi	부채
11	真	（副）zhēn	정말
12	把	（量）bǎ	부채, 의자 등을 세는 양사
13	送给	sònggěi	보내주다
14	麻烦	（动）máfan	귀찮게 하다
15	给	（动）gěi	주다
16	套	（量）tào	벌(여러 개로 세트를 이룬 물체를 세는 양사)
17	图片	（名）túpiàn	그림 카아드, 그림엽서
18	吧	（助）ba	어기조사 (의뢰, 명령을 나타내는)
19	纪念章	（名）jìniànzhāng	기념뺏지
20	纪念邮票	（名）jìniàn yóupiào	기념우표
21	漂亮	（形）piàoliang	아름답다, 깨끗하고 곱다
22	近	（形）jìn	가깝다

補充生詞 ／ 보충단어

1	伞	（名）sǎn	우산, 양산
2	画	（名）huà	그림
3	瓷器	（名）cíqi	자기, 사기
4	手工艺品	shǒugōngyìpǐn	수공예품
5	象牙雕刻	xiàngyá diāokè	상아조각
6	绸子	（名）chóuzi	견직물

7	缎子	（名）duànzi	공단, 새틴
8	字帖	（名）zìtiè	습자의 교본, 글씨본
9	砚台	（名）yàntái	벼루

제 **10** 과

在郵局
우체국에서

Tóngzhì, wǒ jì yì fēng hángkōngxìn.

金 一　同志，我 寄 一封 航空信。
통 ·즈　워 지 이 ·펑　항 쿵 씬

Jìdào nǎr?

营业员　寄到 哪儿？
지 따오 나 얼

Hànchéng. Tiē duōshao yóupiào?

金 一　漢城。 贴 多少 邮票？
한 ·청　티에 뚸 ·싸오 여우 퍄오

Wǒ chēngyichēng.

营业员　我 称一称。
워 ·청 이 ·청

Chāozhòng ma?

金 一　超 重 吗？
·차오 ·쭝 마

Méi chāozhòng. Tiē bā máo qián yóupiào.

营业员　没 超 重。 贴 八 毛 钱 邮票。
메이 ·차오 ·쭝　티에 빠 마오 치엔 여우 퍄오

Hǎo. Yǒu jìniàn yóupiào ma?

金 一　好。 有 纪念 邮票 吗？
하오　여우 ·지 니엔 여우 퍄오 마

Yǒu. Nǐ mǎi nǎ yí tào?

营业员　有。 你 买 哪 一套？
여우　니 마이 나 이 타오

金　一
Wǒ yào liǎngtào xióng
我 要 两 套 熊
워 야오 량 타오 슝
māo de.　Qǐngwèn,
猫 的。 请 问,
마오 더　칭 원
zhèr néng dǎ guójì
这儿 能 打 国际
쩌 얼 넝 따 꿔 지
diànhuà ma?
电 话 吗?
띠엔 화 마

营业员
Néng. Zài nàr.
能。 在 那儿。
넝　짜이 나 얼

金　一　　동지, 항공편지를 한 통 보내려 합니다.

局　員　　어디로 부치십니까?

金　一　　서울입니다. 얼마짜리 우표를 붙여야 합니까?

局　員　　좀 달아보구요.

金　一　　중량이 초과합니까?

局　員　　초과하지 않습니다. 80전짜리 우표를 붙이십시오.

金　一　　알았습니다. 기념우표가 있습니까?

局　員　　있습니다. 당신은 어떤 세트를 사시겠습니까?

金　一　　팬더곰 우표를 2세트 사겠습니다. 좀 여쭙겠는데
　　　　　여기서 국제전화를 걸 수가 있습니까?

局　員　　할 수 있습니다. 저쪽입니다.

♣ 아래 줄친 부분을 교체하여 연습하시오.

1 我寄一封航空信。 →   一封平信
                        一封挂号信

2 有纪念邮票吗？ →   信封
                      信纸
                      明信片

3 这儿能打国际电话吗？ →   打电报
                          寄包裹

生　詞 ╳ 새로나온 단어

1	邮局	（名）yóujú	우체국
2	寄	（动）jì	(편지를) 부치다
3	封	（量）fēng	~통(편지 등을 세는)
4	航空	（名）hángkōng	항공
5	信	（名）xìn	편지
6	贴	（动）tiē	붙이다
7	邮票	（名）yóupiào	우표
8	称	（动）chēng	무게를 달다, 저울질하다

9	超重	chāozhòng	중량이 초과하다
10	熊猫	(名) xióngmāo	"四川省"의 곰의 일종, 팬더곰
11	打	(动) dǎ	(전화를)걸다, (전보를) 치다
12	国际	(名) guójì	국제
13	电话	(名) diànhuà	전화
14	平信	(名) píngxìn	보통우편
15	挂号信	(名) guàhàoxìn	등기우편
16	信封	(名) xìnfēng	편지봉투
17	信纸	(名) xìnzhǐ	편지지
18	明信片	(名) míngxìnpiàn	엽서
19	电报	(名) diànbào	전보
20	包裹	(名) bāoguǒ	소포

補充生詞 / 보충단어

1	克	(量) kè	그램
2	信箱	(名) xìnxiāng	우체통, 사서함
3	长途电话	chángtú diànhuà	장거리전화
4	加急电报	jiājí diànbào	지급전보
5	双挂号	shuāng guàhào	등기배달증명

제 11 과

在飯店
식당에서

Qǐng zuò!　Nín chī shénme?
服务员　请 坐!　您 吃 什么?
칭 쭤　닌 °츠 °선 머

Wǒ chī mǐfàn.
金　一　我 吃 米饭。
워 °츠 미 °판

Nín yào jǐ liǎng?
服务员　您 要 几 两?
닌 야오 지 량

Yào èr liǎng ba.
金　一　要 二 两 吧。
야오 얼 량 바

Nín hē yidiǎnr shénme?
服务员　您 喝 一点儿 什么?
닌 허 이 디 얼 °선 머

Hē diǎnr jiǔ ba.　Yǒu shénme jiǔ?
金　一　喝 点儿 酒 吧。　有 什么 酒?
허 디 얼 지우 바　여우 °선 머 지우

Yǒu pútaojiǔ、　píjiǔ.
服务员　有 葡萄酒、啤酒。
여우 푸 타오 지우　피 지우

Lái yìpíng píjiǔ.
金　一　来 一瓶 啤酒。
라이 이 핑 피 지우

Nín chī shénme cài?　Zhè shì càidān.
服务员　您 吃 什么 菜?　这 是 菜单。
닌 °츠 °선 머 차이　°쩌 °스 차이 딴

Yào yíge pīnpánr,
金 一 要 一个 拼盘儿,
야오 이 거 핀 파 얼

zài yào yíge hóngshāoyú,
再要 一个 红烧鱼、
짜이 야 오 이 거 홍 싸오 웨

yíge qīngjiāo chǎo ròu
一个 青椒 炒 肉
이 거 칭 쟈오 °차오 °러우

piàn.
片。
피엔

Yào bú yào tāng?
服务员 要 不 要 汤?
야오 뿌 야오 탕

Yào yíge jīdàn tāng.
金 一 要 一个 鸡蛋 汤。
야오 이 거 지 딴 탕

종 업 원	앉으십시오. 무엇을 드시겠습니까?
金 一	나는 쌀밥을 먹겠습니다.
종 업 원	몇냥 드릴까요?
金 一	두냥 주십시오.
종 업 원	무엇을 마시겠습니까?
金 一	술을 조금 마시겠습니다. 무슨 술이 있습니까?
종 업 원	포도주와 맥주가 있습니다.
金 一	맥주 한병 주십시오.
종 업 원	요리는 무엇으로 드시겠습니까? 이것은 메-뉴판입니다.
金 一	병반 하나, 그리고 생선구이 하나, 풋고추볶음육편 하나 주십시오.
종 업 원	국은 필요없습니까?
金 一	계란탕 하나 주십시오.

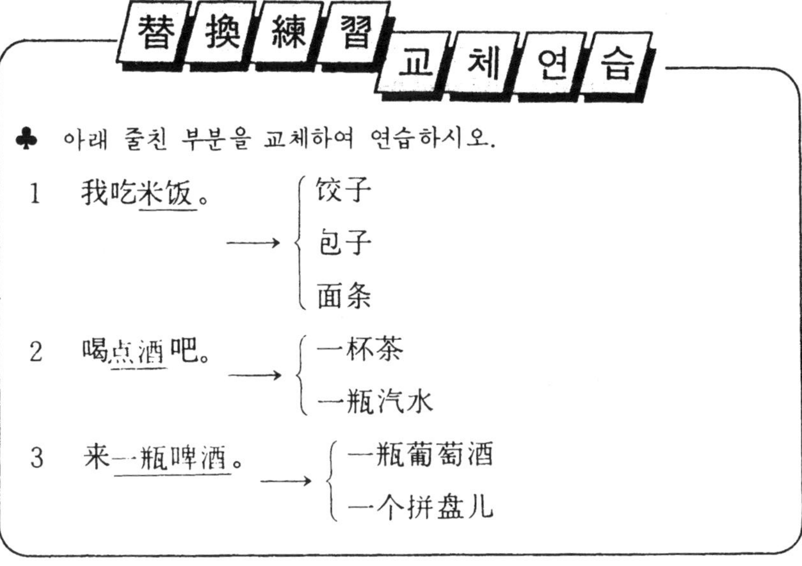

♣ 아래 줄친 부분을 교체하여 연습하시오.

1 我吃米饭。 → 饺子 / 包子 / 面条

2 喝点酒吧。 → 一杯茶 / 一瓶汽水

3 来一瓶啤酒。 → 一瓶葡萄酒 / 一个拼盘儿

生 詞 ╳ 새로나온 단어

1	吃	(动) chī	먹다
2	米饭	(名) mǐfàn	쌀밥
3	两	(量) liǎng	무게의 단위(1근의 10분의1 1량은 50g)
4	喝	(动) hē	마시다
5	酒	(名) jiǔ	술
6	葡萄酒	(名) pútaojiǔ	포도주
7	啤酒	(名) píjiǔ	맥주
8	来	(动) lái	(식당등에서) 주문하다
9	瓶	(量) píng	～병
10	菜	(名) cài	반찬, 요리

11	菜单	(名) càidān	메뉴판, 차림표
12	拼盘(儿)	(名) pīnpán(r)	요리이름
13	再	(副) zài	다시
14	红烧鱼	(名) hóngshāoyú	생선구이
15	青椒炒肉片	(名) qīngjiāo chǎo ròupiàn	풋고추볶음육편
16	汤	(名) tāng	수우프, 국
17	鸡蛋	(名) jīdàn	계란
18	饺子	(名) jiǎozi	물만두
19	包子	(名) bāozi	고기만두
20	面条	(名) miàntiáo	국수
21	茶	(名) chá	차
22	汽水	(名) qìshuǐ	사이다
23	杯	(量) bēi	~잔, 차·커피 등을 세는 양사

補充生詞 / 보충단어

1	牛奶	(名) niúnǎi	우유
2	面包	(名) miànbāo	빵
3	烤鸭	(名) kǎoyā	오리구이
4	涮羊肉	(名) shuànyángròu	양고기탕
5	中餐	(名) zhōngcān	중화요리
6	西餐	(名) xīcān	서양요리

제 **12** 과

要出租汽車
택시를 부르다

	Wèi, shì chūzū qìchē gōngsī ma?
金夫人	喂, 是出租 汽车 公司 吗?
	웨이 ·스 ·추 쭈 치 ·처 꿍 스 마

	Shì a, nǐ shì nǎr?
汽车公司	是 啊, 你 是 哪儿?
	·스 아 니 ·스 나 얼

	Wǒ shì Běijīng fàndiàn. Wǒ yào yíliàng xiǎo qìchē.
金夫人	我 是 北京 饭店。 我 要 一辆 小 汽车。
	워 ·스 ·베이 징 ·판 띠엔 워 야오 이 량 쌰오 치 ·처

	Qù nǎr?
汽车公司	去 哪儿?
	취 나 얼

	Qù yíhéyuán.
金夫人	去 颐和园。
	취 이 허 웬

	Shénme shíhou yòngchē?
汽车公司	什 么 时候 用车?
	·선 머 ·스 허우 융 ·처

	Xiàwǔ liǎngdiǎn.
金夫人	下午 两点。
	쌰 우 량 디엔

	Hǎo. Qǐng gàosu wǒ nǐde xìngmíng hé fángjiān hào.
汽车公司	好。 请 告诉我 你的 姓 名 和 房 间 号。
	하오 칭 까오 쑤 워 니 더 씽 밍 허 ·팡 지엔 하오

	Shénme? Qǐng nǐ zài shuō yíbiàn.
金夫人	什 么? 请 你 再 说 一遍。
	·선 머 칭 니 짜이 ·쉬 이 삐엔

汽车公司
Qǐng gàosu wǒ nǐde
请 告诉我你的
칭 까오 쑤 워 니 더
xìngmíng hé fángjiān hào.
姓 名 和 房 间 号。
씽 밍 허 ﹒팡 지엔 하오

金 夫 人
O, wǒ jiào Jīn
哦, 我 叫 金
오어 워 ﹒짜오 진
Huìzǐ. Zhù bācéng bā
惠 子。 住 八 层 八
후이 쯔 ﹒쭈 빠 청 빠
sān líng èr.
三 〇 二。
싼 링 얼

汽车公司
Hǎo, xiàwǔ chà shífēn liǎngdiǎn zhǔnshí dào.
好, 下午 差 十 分 两点 准 时 到。
하오 ﹒쌰우 차 ﹒스 ﹒펀 량 디엔 ﹒쭌 ﹒스 따오

金 夫 人　여보세요, 택시회사입니까?

自動車会社　예, 그렇습니다. 거기 어딥니까?

金 夫 人　여기는 북경호텔입니다. 택시를 한 대 부탁합니다만.

自動車会社　어디 가시는데요?

金 夫 人　의화원에 갑니다.

自動車会社　언제 차를 쓰실 겁니까?

金 夫 人　오후 2시입니다.

自動車会社　좋습니다. 당신의 성명과 객실번호를 알려주십시오.

金 夫 人　뭐라구요? 다시 한번 말씀해 주십시오.

自動車会社　당신의 성명과 객실번호를 말씀해 주십시오.

金 夫 人　아, 내 이름은 김혜자입니다. 8층 8302호실에 투숙하고
있습니다.

自動車会社　알았습니다. 오후 2시 10분전 정각에 도착하겠습니다.

♣ 아래 줄친 부분을 교체하여 연습하시오.

1　什么时候<u>用车</u>?　→ { 吃饭 / 去长城 / 来这儿 }

2　<u>下午两点</u>用车。　→ { 上午十点 / 下午两点一刻 / 晚上七点半 }

3　请告诉我<u>你的姓名</u>。　→ { 你的电话号 / 你的地址 }

生 詞　새로나온 단어

1	出租汽车	（名）chūzū qìchē	택시
2	喂	wèi	여보세요(전화)
3	辆	（量）liàng	～대(자동차를 세는 양사)
4	小汽车	（名）xiǎo qìchē	일반 승용차
5	时候	（名）shíhou	때
6	用	（动）yòng	쓰다
7	下午	（名）xiàwǔ	오후
8	点（钟）	（量）diǎn(zhōng)	시 (時)
9	告诉	（动）gàosu	알리다, 말하다

10	姓名	(名) xìngming	성명
11	遍	(量) biàn	~번, 회 (회수를 세는 양사)
12	差	(动) chà	(몇 분)전
13	分	(量) fēn	~분(시간의 단위)
14	准时	(形) zhǔnshí	시간대로, 정각에
15	刻	(量) kè	15분
16	上午	(名) shàngwǔ	오전
17	晚上	(名) wǎnshang	밤, 저녁
18	地址	(名) dìzhǐ	주소, 소재지

专名　　　고유명사

| 1 | 金惠子 | Jīn Huìzǐ | 金惠子 |
| 2 | 颐和园 | Yíhéyuán | 颐和園 |

補充生詞 ／ 보충단어

1	面包车	(名) miànbāochē	마이크로 버스, 소형의 버스
2	专车	(名) zhuānchē	전용차
3	旅行车	(名) lǚxíngchē	관광버스
4	收据	(名) shōujù	영수증
5	司机	(名) sījī	운전수
6	开车	kāi chē	차를 운전하다, 발차하다
7	参观	(动) cānguān	참관하다, 견학하다

	Wèi, shì Lǐ Guóhuá xiānsheng jiā ma?
金 一	喂, 是李国华先生 家吗?
	웨이 ·스 리 꿔 화 씨엔 ·성 쟈 마

	Shì a, nǐ zhǎo shéi?
李夫人	是啊, 你找谁?
	·쓰 아 니 ·자오 쉐이

	Wǒ zhǎo Lǐ xiānsheng.
金 一	我找李先生。
	워 ·자오 리 씨엔 ·성

	Hǎo, qǐng děngyiděng. Wǒ qù jiào tā.
李夫人	好, 请等一等。我去叫他。
	하오 칭 떵 이 떵 워 췌 샤오 타

※

	Wèi, wǒ shì Lǐ Guóhuá. Nǐ shì nǎ wèi?
李国华	喂, 我是李国华。你是哪位?
	웨이 워 ·스 리 꿔 화 니 ·스 나 웨이

	Wǒ shì Jīn Yī.
金 一	我是金一。
	워 ·스 신 이

	O, Jīn xiānsheng! Nǐ hǎo! Nǐ shì shénme shíhou
李国华	噢, 金先生! 你好! 你是什么时候
	어우 진 씨엔 ·성 니 하오 니 ·스 ·선 머 ·스 허우

	lái Zhōngguó de?
	来中国的?
	ㄹ라이 쫑 꿔 더

Zuótiān lái de.
金 一　昨天 来 的。
쭤 티엔 라이 더

Lùshang xīnkǔ le!
李国华　路 上 辛苦 了!
루 상 신쿠 러

Hái hǎo,　hái hǎo.　Nǐ shēn
金 一　还 好, 还 好。 你 身
하이 하오 하이 하오 니 썬

tǐ hǎo ma?
体 好 吗?
티 하오 마

Xièxie,　shēntǐ hěn hǎo.
李国华　谢谢, 身体 很 好。
씨에세 썬 티 헌 하오

Nǐ zhù nǎge fàndiàn?
你 住 哪个 饭店?
니 쭈 나 거 판 띠엔

Zài Chángchéng fàndiàn nánlóu sìsānlíng hào.
金 一　在 长城 饭店 南楼 四三〇 号。
짜이 창 청 판 띠엔 난 러우 쓰 싼 링 하오

Míngtiān xīngqīrì, wǎnshang wǒ qù kàn nǐ.
李国华　明 天 星 期 日, 晚 上 我 去 看 你。
밍 티엔 씽 치 르 완 상 워 취 칸 니

Nǐ tài kèqi le.　Hǎo,　jiànmiàn zài tán.
金 一　你 太 客 气 了。 好, 见 面 再 谈。
니 타이 커 치 러 하오 지엔미엔 짜이 탄

Jiànmiàn tán.
李国华　见 面 谈。
지엔 미엔 탄

※ ※ ※

金 一　여보세요, 이국화씨 댁입니까?

李 夫人　예, 그렇습니다. 누굴 찾으세요?

金 一　이선생님을 찾습니다.

李 夫人　예, 잠깐 기다려 주세요. 제가 가서 불러드릴테니까요.

※

100

李 国 華　여보세요, 나는 이국화입니다. 당신은 누구십니까?

金 一　나는 김일입니다.

李 国 華　아아, 김선생! 안녕하십니까? 중국에는 언제 오셨습니까?

金 一　어제 왔습니다.

李 国 華　여행중에 고생 많았겠습니다.

金 一　그런대로 괜찮습니다. 건강은 좋습니까?

李 国 華　덕택에 무척 좋습니다. 당신은 어느 호텔에 투숙하고 있습니까?

金 一　장성호텔 남관 430호실입니다.

李 国 華　내일은 일요일이니, 저녁에 찾아뵙겠습니다.

金 一　죄송합니다. 그럼, 만나서 다시 얘기를 나눕시다.

李 国 華　만나서 얘기합시다.

替換練習　교체연습

♣ 아래 줄친 부분을 교체하여 연습하시오.

1　是 <u>李国华先生</u>家吗?　　⟶ ⎰ 高老师
　　　　　　　　　　　　　　　　　张同志
　　　　　　　　　　　　　　　　　王大夫

2　(是)<u>昨天</u>来的。　　⟶ 前天
　　　　　　　　　　　　前年
　　　　　　　　　　　　去年
　　　　　　　　　　　　二月一号
　　　　　　　　　　　　八月七号
　　　　　　　　　　　　上星期
　　　　　　　　　　　　上星期二
　　　　　　　　　　　　上个月

生 词 / 새로나온 단어

1	找	(动) zhǎo	찾다
2	谁	(代) shéi(shuí)	누구
3	等	(动) děng	기다리다
4	叫	(动) jiào	부르다
5	位	(量) wèi	분, 사람을 세는 양사 (경어)
6	昨天	(名) zuótiān	어제
7	路上	lùshang	도중, 노상
8	辛苦	(形) xīnkǔ	고생하다
9	楼	(名) lóu	2층 이상의 건물, 동
10	星期日	(名) xīngqīrì	일요일
11	客气	(形) kèqi	공손하다, 겸양하다, 사양하다
12	见面	jiànmiàn	만나다
13	谈	(动) tán	말하다
14	前天	(名) qiántiān	그저께
15	前年	(名) qiánnián	재작년
16	去年	(名) qùnián	작년
17	月	(名) yuè	달, 월(년월의 단위)
18	号(日)	(名) hào(rì)	~일(日)
19	星期	(名) xīngqī	요일, 주
20	上(月)	shàng(yuè)	지난(달)

专名　　　고유명사

1	李国华	Lǐ Guóhuá	李国華
2	金 一	**Jīn Yī**	金 一
3	长城饭店	Chángchéng fàndiàn	長城飯店

補充生詞 ／ 보충단어

1	楼上	lóushàng	2층, 위층
2	楼下	lóuxià	1층, 아래층
3	电话簿	diànhuàbù	전화번호부
4	查号台	cháhàotái	전화번호문의처
5	占线	zhànxiàn	통화중

제 14 과

看京劇
경극을 보다

	Yángzǐ, tīngshuō nǐ hěn xǐhuan kàn jīngjù, shì ma?
王 英	阳子, 听 说 你 很 喜欢 看 京剧, 是 吗?
	양 쯔 팅 쒀 니 헌 시환 칸 징 쥘 스 마

阳 子	Duì, wǒ duì jīngjù hěn gǎn xìngqu.
	对, 我 对 京剧 很 感 兴趣。
	뛔이 워 뚜이 징 쥘 헌 깐 씽 취

	Jīntiān wǒ mǎidàole liǎng zhāng piào, wǒmen yìqǐ qù
王 英	今天 我 买到了 两 张 票, 我们 一起 去
	진 티엔 워 마이따오 러 량 장 퍄오 워 먼 이 치이 췸
	kàn ba.
	看 吧。
	칸 바

阳 子	Tài hǎo le! Zài nǎge jùchǎng?
	太 好 了! 在 哪个 剧场?
	타이 하오 러러 짜이 나 거 쥘 창

王 英	Rénmín jùchǎng.
	人民 剧场。
	런 민 쥘 창

阳 子	Jǐdiǎn kāiyǎn?
	几点 开演?
	지 디엔 카이 이엔

	Qīdiǎn bàn. Gěi nǐ piào. Nǐ sì pái wǔ hào, wǒ sì
王 英	七点 半。 给 你 票。 你 四 排 五 号, 我 四
	치 디엔 빤 게이 니 퍄오 니 쓰 파이 우 하오 워 쓰
	pái qī hào.
	排 七 号。
	파이 치 하오

阳　子　Xièxie.　Wǒmen de zuòwèi búcuò.
谢谢。　我们 的 座位 不错。
씨에세　위 먼 더 쭤웨이 뿌 춰

※

王　英　Yángzǐ,　zhège jù nǐ kàndǒng le ma?
阳子，　这个 剧 你 看懂 了 吗?
양 쯔　쩌 거 쥐 니 칸 뚱 러 마

阳　子　Kàndǒng le.　Zhège jù zhēn hǎo.　Suīrán tīngbudǒng,
看懂 了。　这个 剧 真 好。　虽然 听不懂，
칸 뚱 러　쩌 거 쥐 쩐 하오　쒜이 란 팅 부 뚱

dànshì yìsi jīběnshàng dǒng le.　Yǎnyuán yǎnde zhēn
但是 意思 基本上 懂 了。　演员 演得 真
딴 스 이 쓰 지 뻔 상 뚱 러　이앤유안 이앤 더 쩐

bú cuò.　Yǒu jīhuì wǒ hái xiǎng zài kàn yíbiàn.
不错。　有 机会 我 还 想 再 看 一遍。
부 춰　여우 지후이 워 하이 쌍 짜이 칸 이 비엔

王　英　양자씨, 듣자니 당신은 경극을 좋아 한다던데 그렇습니까?

陽　子　그렇습니다. 저는 경극을 매우 좋아합니다.

王　英　오늘 내가 표를 2장샀으니, 우리 함께 구경
　　　갑시다.

陽　子　너무 좋아요! 어느 극장입니까?

王　英　인민극장입니다.

陽　子　몇 시에 공연합니까?

王　英　7시 반입니다. 표를
　　　드리겠습니다. 당신
　　　은 4열의 5호이고,
　　　나는 4열의 7호입니
　　　다.

陽　子　고마워요. 우리들
　　　의 자리는 나쁘지

않군요.

※

王　　英　　양자씨, 이 연극을 보며 이해하셨습니까?

陽　　子　　이해했습니다. 이 연극은 정말 좋습니다. 비록 알아듣지는
　　　　　　못하지만, 뜻은 대체로 알았습니다. 배우의 연기는 정말
　　　　　　좋았습니다. 기회가 있으면 한번 더 보고 싶습니다.

替換練習　교체연습

♣　아래 줄친 부분을 교체하여 연습하시오.

1　我对<u>京剧</u>很感兴趣。　　→　{ 话剧　音乐　电影 }

2　几点<u>开演</u>?　　→　{ 开车　出发 }

3　虽然<u>听不懂</u>，但是<u>意思基本上懂了</u>。
　　　　A　　　　　　　　B
　　→　{ A 很累　　B 很高兴　　没听懂　　看懂了 }

生詞　새로나온 단어

1	听说	（动）tīngshuō	듣건데, ～라는 말이다
2	喜欢	（动）xǐhuan	좋아하다
3	京剧	（名）jīngjù	경극 (북경 오페라)
4	对…感兴趣	duì…gǎn xìngqu	～에 대하여 흥미가 있다

5	买到	（动）mǎidào	입수하다, 사다
6	票	（名）piào	표
7	一起	（副）yìqǐ	함께
8	剧场	（名）jùchǎng	극장
9	开演	（动）kāiyǎn	공연을 시작하다
10	排	（量）pái	～열
11	座位	（名）zuòwèi	좌석
12	看懂	kàndǒng	보고 이해하다
13	听不懂	tīngbudǒng	못알아 듣다
14	虽然…但是	suīrán…dànshì	비록～하지만, 그러나
15	意思	（名）yìsi	의미, 재미
16	基本上	（副）jīběnshàng	기본적인, 대체로
17	演员	（名）yǎnyuán	배우
18	演	（动）yǎn	공연하다
19	机会	（名）jīhuì	기회
20	话剧	（名）huàjù	연극, 신극
21	音乐	（名）yīnyuè	음악
22	电影	（名）diànyǐng	영화
23	出发	（动）chūfā	출발하다
24	累	（形）lèi	피곤하다

专名　　　고유명사

1	王英	Wáng Yīng	王英
2	朴陽子	Piáo Yángzǐ	朴陽子
3	人民剧场	Rénmín jùchǎng	人民劇場

補充生詞 / 보충단어

1	电视	（名）diànshì	텔레비전
2	杂技	（名）zájì	각종공예
3	马戏	（名）mǎxì	서커스
4	歌舞	（名）gēwǔ	가무, 무용
5	舞剧	（名）wǔjù	무용극
6	节目	（名）jiémù	프로그램

제 **15** 과

在招待會上
초대회석에서

	Zhè wèi shì	Jīn xiānsheng, zhè wèi shì	Jīn fūrén.

翻　译　这 位 是 金 先生, 这 位 是 金 夫人。
　　　°쩌 웨이 °스　진 씨엔 °성　°쩌 웨이 °스　진 °푸 °런

Zhè wèi shì Wàimàobù de Zhào Jiànmín tóngzhì.

这 位 是 外贸部 的 赵 健民 同志。
°쩌 웨이 °스 와이마오뿌 더 짜오 지엔민 퉁°즈

Huānyíng, huānyíng!

赵 健 民　欢迎, 欢迎!
　　　　환 잉　환 잉

Néng cānjiā jīntiān de zhāodàihuì, wǒmen hěn gāoxìng.

金　一　能 参加 今天 的 招待会, 我们 很 高兴。
　　　넝 찬 쟈 찐 티엔 더 °짜오따이후이　워 먼 헌 까오 씽

Qǐng zuò!

赵 健 民　请 坐!
　　　　칭 쭤

Xièxie.

金　一
金 夫 人　谢谢。
　　　　씨에 셰

Nǐmen lái Zhōngguó duōcháng shíjiān le?

赵 健 民　你们 来 中国 多长 时间 了?
　　　　니 먼 ㄹ라이 °쭝 꿔 뚸 °창 °스 지엔 ㄹ러

Lái le wǔtiān le.

金　一　来 了 五天 了。
　　　ㄹ라이 ㄹ러 우 티엔 ㄹ러

Guòde zěnmeyàng a?

赵 健 民　过得 怎么样 啊?
　　　　꿔 더 쩐 머 양 아

Guòde hěn yúkuài.
金 夫 人　过得 很 愉快。
꿔 더 헌 위 콰이

Qùguò nǎ xiē dìfang?
赵 健 民　去过 哪 些 地方?
취 꿔 나 씨에 띠 팡

Qùguò Yíhéyuán、 Chángchéng,
金 　一　去过 颐和园、 长 城,
취 꿔 이 허유안 창 청

biéde dìfang hái méi qù ne.
别的 地方 还 没 去 呢。
비에더 띠 팡 하이 메이 취 너

Shēntǐ dōu hěn hǎo ba?
赵 健 民　身体 都 很 好 吧?
썬 티 또우 헌 하오 바

Xièxie, dōu hěn hǎo.
金 夫 人　谢谢, 都 很 好。
씨에 세 또우 헌 하오

Jīn xiānsheng, nín xǐhuan hē shénme jiǔ?
赵 健 民　金 先生, 您 喜欢 喝 什么 酒?
진 씨엔 성 닌 시환 허 선 머 지우

Hē diǎnr pútaojiǔ ba.
金 　一　喝 点儿 葡萄酒 吧。
허 디 얼 푸 타오지우 바

Jīn fūrén, nín ne?
赵 健 民　金 夫人, 您 呢?
진 푸 런 닌 너

Wǒ bú huì hē jiǔ, hē bēi qìshuǐ ba.
金 夫 人　我 不会 喝酒, 喝 杯 汽水 吧。

Lái, wèi wǒmen de yǒuyì gānbēi!
赵 健 民　来, 为 我们 的 友谊 干杯!
라이 웨이 워 먼 더 여우이 깐 뻬이

Wèi dàjiā de jiànkāng gānbēi!
金
金 夫 人　为 大家 的 健康 干杯!
웨이 따 쟈 더 지엔 캉 깐 뻬이

通　　訳	이분은 김선생이시고, 이분은 김부인입니다. 이분은 무역부의 조건민씨입니다.
趙 健 民	환영합니다(잘 오셨습니다).
金　　一	오늘의 초대회에 참석할 수 있게 되어 우리들은 매우 기쁩니다.
趙 健 民	앉으십시오.
金 一 / 金 夫 人	고맙습니다.
趙 健 民	당신들은 중국에 오신지 얼마나 되었습니까?
金　　一	온지 5일 되었습니다.
趙 健 民	지내기가 어땠습니까?
金 夫 人	무척 즐겁게 지냈습니다.
趙 健 民	어떤 곳에 갔었습니까?
金　　一	의화원과 만리장성에 갔었습니다. 다른 곳은 아직 가지 않았습니다.
趙 健 民	건강은 모두 좋습니까?
金 夫 人	덕택에 모두 좋습니다.
趙 健 民	김선생님, 당신은 무슨 술 마시기를 좋아하십니까?
金　　一	포도주를 조금 마시겠습니다.
趙 健 民	김부인, 당신은요?
金 夫 人	저는 술을 못합니다. 사이다를 마시겠습니다.
趙 健 民	자, 우리들의 우의를 위해 건배합시다.
金 一 / 金 夫 人	모두의 건강을 위해 건배합시다.

替 換 練 習　교 체 연 습

♣ 아래 줄친 부분을 교체하여 연습하시오.

1　能参加<u>今天的招待会</u>, 我们很高兴。　⟶ { 今天的晚会 / 这个宴会 }

2　来了<u>五天</u>了。

→
- 两天
- 一个星期
- 两个多星期
- 半个月
- 一年多
- 两年多

3　为<u>大家的健康</u>干杯!　→
- 您的健康
- 各位朋友的健康

生　詞　／　새로나온 단어

1	招待会	(名) zhāodàihuì	초대회
2	欢迎	(动) huānyíng	환영하다
3	参加	(动) cānjiā	참가하다
4	高兴	(形) gāoxìng	즐겁다, 기쁘다
5	多	(副) duō	어느 정도~
6	长	(形) cháng	길다
7	天	(名) tiān	~일간
8	过	(动) guò	지나가다
9	啊	(助) a	어기조사
10	愉快	(形) yúkuài	즐겁다, 유쾌하다
11	过	(助) guò	~한 적이 있다
12	·地方	(名) dìfang	곳, 장소

13	为…干杯		wèi…gānbēi	~위하여 건배하다
14	友谊	（名）	yǒuyì	우의, 우정
15	大家	（代）	dàjiā	모두, 여러사람
16	健康	（形）	jiànkāng	건강
17	晚会	（名）	wǎnhuì	만찬회, 저녁파티
18	宴会	（名）	yànhuì	연회
19	各	（代）	gè	각(각)

专名　　고유명사

| 1 | 赵健民 | Zhào Jiànmin | 趙健民 |
| 2 | 外贸部 | Wàimàobù | 对外贸易部 |

補充生詞 / 보충단어

1	出席	（动）	chūxí	출석하다
2	酒会	（名）	jiǔhuì	칵테일 파티
3	谈话		tánhuà	담화
4	教育部		Jiàoyùbù	교육부
5	外交部		wàijiāobù	외교부
6	文化部		Wénhuàbù	문화부
7.	对外友协		Duìwài yǒuxié	대외우호협회
8	进出口公司		Jìnchūkǒu gōngsī	수출입회사

제 **16** 과
遊覽
觀光

Xiǎo Zhū, Běijīng yǒu nǎxiē hǎowánr de dìfang?
金一 小朱，北京 有 哪些 好玩儿 的 地方？
샤오 쭈 뻬이징 여우 나씨에 하오 와얼 더 띠 팡

Běijīng de míngshènggǔjī hěn duō. Yǒu Xiāngshān、 Gù
小朱 北京 的 名胜古迹 很多。有 香山、故
뻬이징 더 밍성꾸지 헌 뚸 여우 썅산 꾸

gōng、 Shísānlíng、 Tiāntán……
宫、十三陵、天坛……
꿍 스싼링 티엔탄

Zhèxiē dìfang wǒ dōu méi qùguo. Nǐ shuō, wǒ xiān qù
金一 这些 地方 我 都 没 去过。你 说，我 先 去
쩌 씨에 띠 팡 워 또우 메이 취 꿔 니 숴 워 씨엔 취

nǎr wánr?
哪儿 玩儿？
나얼 와얼

Xiànzài qù Xiāngshān zuì hǎo.
小朱 现在 去 香山 最 好。
씨엔짜이 취 썅산 쭈이 하오

Wèi shénme?
金一 为 什么？
웨이 선 머

Xiànzài shì qiūtiān, qù kàn hóngyè zhèng shì shíhou.
小朱 现在 是 秋天，去 看 红叶 正 是 时候。
씨엔짜이 스 치우티엔 취 칸 홍 이에 쩡 스 스 허우

Nà tài hǎo le!
金一 那 太 好 了！
나 타이 하오 러러

114

小　朱　
Nàr hái yǒu yìxiē gǔdài jiànzhù, Nǐ kěyǐ shùnbiàn
那儿 还 有 一些 古代 建筑，你 可以 顺便
나 얼 하이 여우 이 씨에 꾸 따이 지엔 주　니 커이 ·쑨 삐엔
qù kànkan.
去 看看。
취 칸 칸

金　一　
Shísānlíng lí zhèr yuǎn ma?
十三陵 离 这儿 远 吗?
·스 싼 링 리 ·쩌 얼 유안 마

小　朱　
Hěn yuǎn, dànshì hěn fāngbiàn. zuò qìchē qù, zuò huǒ-
很 远，但是 很 方便。坐 汽车 去，坐 火
헌 유안　딴 ·스 헌 ·팡 삐엔　쭤 ·치 처 취　쭤 훠
chē qù dōu kěyǐ. Wǒ zhèr yǒu yì zhāng yóulǎntú,
车 去 都 可以。我 这儿 有 一张 游览图，
·처 취 떠우 커 이　워 ·쩌 얼 여우 이 ·장 여우 란 투
nǐ kànkan.
你 看看。
니 ·칸 칸

金　一　
Xièxie. XiǎoZhū, míngtiān wǒmen yìqǐ qù Xiāngshān,
谢谢。小朱，明天 我们 一起 去 香山，
씨에 세　싸오 쭈　밍 티엔 워 먼 이 치 취 쌍 ·산
zhào jǐ zhāng xiàng liúge jìniàn ba.
照 几 张 相 留个 纪念 吧。
·짜오 지 짱 쌍 리우 거 지 니엔 바

小　朱　
Hǎo.
好。
하오

金　一　주양, 북경에는
놀기 재미있는 장소가
어디 어디 있지?

小　朱　북경의 명승고적은
매우 많습니다.
향산, 고궁, 십삼릉,
천단 등이 있습니다.

金 ─ 이곳들을 나는 아무데도 가보지 않았어. 말해봐, 내가
　　 어딜 먼저 놀러 갔으면 좋을까?

朱 　 지금은 향산에 가는 것이 제일 좋습니다.

金 ─ 무엇 때문이지?

朱 　 지금은 가을이기 때문에, 바로 단풍구경하는 철입니다.

金 ─ 그것 아주 좋구나！

朱 　 그 곳에는 또 고대건물도 있으니, 가는 길에 구경할
　　 수 있습니다.

金 ─ 십삼릉은 여기서 먼가?

朱 　 매우 멉니다만, 그러나 편리합니다. 자동차나 기차 어느것으로도
　　 갈 수 있습니다. 내게 여행안내도가 한장 있으니 보십시오.

金 ─ 고마워. 주양, 내일 우리 함께 향산에 가서
　　 기념으로 사진을 몇 장 찍자.

朱 　 좋습니다.

替換練習 교체연습

♣ 아래 줄친 부분을 교체하여 연습하시오.

1 现在<u>去看红叶</u>正是时候。　→　去游览
　　　　　　　　　　　　　　　　　去旅行

2 可以顺便<u>去看看</u>。　→　买一点东西
　　　　　　　　　　　　　玩儿玩儿
　　　　　　　　　　　　　照几张相

3 <u>十三陵</u>离<u>这儿</u><u>远</u>。
　　A　　　　　B
　→　A 天安门　　　B 不远
　　　颐和园　　　　不太远
　　　王府井　　　　很近

生　词　／　새로나온 단어

1	游览	(动) yóulǎn	유람하다, 관광하다
2	好玩儿	(形) hǎowánr	놀기가 재미있다
3	名胜古迹	míngshèng gǔjī	명승고적
4	先	(副) xiān	우선, 먼저
5	玩儿	(动) wánr	놀다
6	现在	(名) xiànzài	현재, 지금
7	最	(副) zuì	가장, 제일
8	为什么	(代) wèishénme	왜, 무엇때문에
9	秋天	(名) qiūtiān	가을
10	红叶	hóngyè	단풍
11	正	(副) zhèng	바로, 마침
12	古代	(名) gǔdài	고대
13	建筑	(名) jiànzhù	건축물
14	可以	(助动) kěyǐ	~할 수 있다, ~해도 된다
15	顺便	(副) shùnbiàn	~하면서
16	离	(介) lí	~로부터, ~에서
17	方便	(形) fāngbiàn	편리하다
18	火车	(名) huǒchē	기차
19	游览图	(名) yóulǎntú	여행안내도
20	照相	zhào xiàng	사진을 찍다
21	留	(动) liú	남기다

<table>
<tr><td></td><td>专名</td><td></td><td>고유명사</td></tr>
<tr><td>1</td><td>小朱</td><td>Xiǎo Zhū</td><td>朱孃</td></tr>
<tr><td>2</td><td>香山</td><td>Xiāngshan</td><td>香山</td></tr>
<tr><td>3</td><td>故宫</td><td>Gùgōng</td><td>故宫</td></tr>
<tr><td>4</td><td>十三陵</td><td>Shisānling</td><td>十三陵</td></tr>
<tr><td>5</td><td>天坛</td><td>Tiāntán</td><td>天壇</td></tr>
</table>

補充生詞 / 보충단어

<table>
<tr><td>1</td><td>公园</td><td>(名) gōngyuán</td><td>공원</td></tr>
<tr><td>2</td><td>动物园</td><td>(名) dòngwùyuán</td><td>동물원</td></tr>
<tr><td>3</td><td>博物馆</td><td>(名) bówùguǎn</td><td>박물관</td></tr>
<tr><td>4</td><td>文物</td><td>(名) wénwù</td><td>문물</td></tr>
<tr><td>5</td><td>向导</td><td>(名) xiàngdǎo</td><td>가이드</td></tr>
<tr><td>6</td><td>春天</td><td>(名) chūntiān</td><td>봄</td></tr>
<tr><td>7</td><td>夏天</td><td>(名) xiàtiān</td><td>여름</td></tr>
<tr><td>8</td><td>冬天</td><td>(名) dōngtiān</td><td>겨울</td></tr>
</table>

제 **17** 과

看 病
진찰을 받다

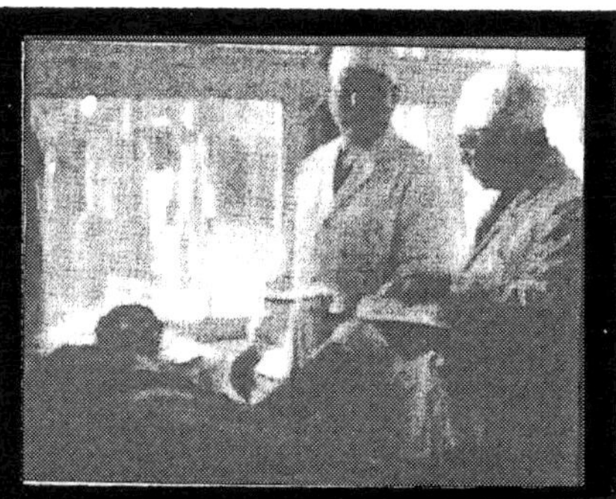

Qǐng jìn!
金夫人　请 进!
칭 진

Jīn fūrén,　wǎnshang hǎo!　Jīntiān yǒu yíge wǔjù,
张　兰　金 夫 人,　晚 上 好!　今天 有 一 个 舞剧,
진 푸 언　완 상 하오　진 티엔 여우 이 서 우 쉬

nǐ qù kàn ma?
你 去 看 吗?
니 취 칸 마

Duìbuqǐ,　jīntiān wǒ yǒu yìdiǎnr bù shūfu,　bù xiǎng
金夫人　对不起,　今天 我 有 一点儿 不 舒服,　不 想
뚜이 뿌 치이　진 티엔 워 여우 이 디 얼 뿌 쑤 푸　뿌 썅

qù le.
去 了。
취 러

Qù yīyuàn kànkan ba.　Wǒ péi nǐ yìqǐ qù.
张　兰　去 医院 看看 吧。　我 陪 你 一起 去。
취 이유안 칸 칸 바　워 뻬이 니 이치 취

※

Qǐngzuò!　Nǐ nǎr bù shūfu?
大　夫　请 坐!　你 哪儿 不 舒服?
칭 쭤　니 나얼 뿌 쑤 푸

Wǒ tóu téng.
金夫人　我 头 疼。
워 터우 텅

大夫　Késou ma?
咳嗽 吗?
커 써우 마

金夫人　Bù késou.
不 咳嗽。
뿌 커 써우

大夫　Zhāngkāi zuǐ,　wǒ kànkan.
张开 嘴, 我 看看。
장 카이 쭈이　워 칸 칸

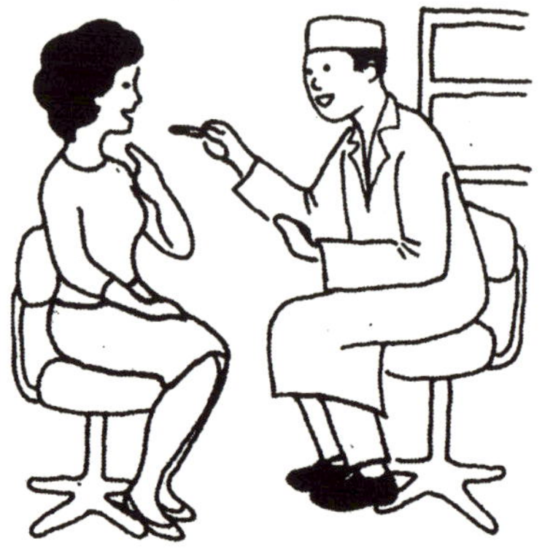

Ò,　sǎngzi yǒu diǎnr hóng.
哦, 嗓子 有 点儿 红。
오어　썽즈 여우 디얼 훙

Qǐng shì yixià biǎo ba.
请 试 一下 表 吧。
칭 스 이 쌰 뺘오 바

金夫人　Fāshāo ma?
发烧 吗?
퐈 쌰오 마

大夫　Bù fāshāo.　Sānshi liù dù wǔ.　Wǒ tīngting.　Méi shén
不 发烧。三 十 六 度 五。我 听听。没 什
뿌 퐈 쌰오　싼 스 리우 뚜 우　워 팅 팅　메이 선

me.　Nǐ gǎnmà le.　Chī diǎnr yào jiù hǎo le.　Zhè
么。你 感冒 了。吃 点 药 就 好 了。这
머　니 깐 마오 러　츠 디앨 야오 지우 하오 러　쩌

zhǒng yào yitiān sānci,　yicì liǎng piàn.　Wàibian bǐ
种 药 一天 三次, 一次 两 片。外边 比
쫑 야오 이 티앤 싼 츠　이 츠 량 피앤　와이 비앤 삐

jiào lěng,　Nǐ duō chuān yidiǎnr yīfu.
较 冷, 你 多 穿 一点儿 衣服。
쟈오 렁　니 둬 촨 이 디얼 이 푸

金夫人　Xièxie nǐ.
谢谢 你。
쎼에 쎼 니

大夫　Bú kèqi.
不 客气。
부 커 치

120

金 夫 人　들어 오십시오.

張　　蘭　김부인, 안녕하십니까 ! (저녁 인사)오늘 무용공연이
　　　　　있는데 가보시겠습니까?

金 夫 人　미안합니다, 오늘 나는 몸이 약간 불편하여 가고
　　　　　싶지 않습니다.

張　　蘭　병원에 가보십시오. 제가 모시고 함께 가겠습니다.

※

医　　師　앉으십시오. 어디가 불편하십니까?

金 夫 人　머리가 아픕니다.

医　　師　기침을 합니까?

金 夫 人　기침은 나지 않습니다.

医　　師　입을 크게 벌려 보십시오. 보아드릴께요. 아아, 목이
　　　　　약간 빨갛군요. 체온을 재봐야 겠습니다.

金 夫 人　열이 있습니까?

医　　師　열은 없습니다. 36도 5분입니다. 청진해 보겠습니다. 별
　　　　　거 아니군요. 감기입니다. 약을 조금 먹으면 나을겁니다.
　　　　　이 약은 하루에 3회, 1회에 두알씩 복용하십시오. 바깥
　　　　　은 비교적 추우니 옷을 좀 많이 입으십시오.

金 夫 人　고맙습니다.

医　　師　뭘요. 괜찮습니다.

♣ 아래 줄친 부분을 교체하여 연습하시오.

1　有(一)点儿<u>不舒服</u>。
　　　　　　　　　　　累
　　　　　　⟶　　 忙
　　　　　　　　　　不高兴

2 我陪你一起去。 → { 去玩儿 / 去参观 / 去旅行 }

3 我头疼。 → { 嗓子 / 肚子 }

生 詞 ╳ 새로나온 단어

1	病	（名）bìng	병
2	进	（动）jìn	들어가다
3	舒服	（形）shūfu	편안하다, 기분이 좋다
4	陪	（动）péi	모시다
5	头	（名）tóu	머리
6	疼	（形）téng	아프다
7	咳嗽	（动）késou	기침
8	张开	（动）zhāngkāi	(입을)벌리다
9	嘴	（名）zuǐ	입
10	嗓子	（名）sǎngzi	목구멍
11	红	（形）hóng	붉다
12	试表	shì biǎo	체온을 재다
13	表	（名）biǎo	체온계
14	发烧	fāshāo	열이 나다
15	度	（量）dù	～도
16	感冒	（动、名）gǎnmào	감기(들다)

17	药	（名）yào	약
18	片	（量）piàn	～정(알약)
19	外边	（名）wàibian	바깥쪽
20	比较	（副）bǐjiào	비교하다
21	冷	（形）lěng	춥다, 차다
22	肚子	（名）dùzi	배

专名   고유명사

| 1 | 张兰 | Zhāng Lán | 張蘭 |

補充生詞 ／ 보충단어

1	胃	（名）wèi	위(밥통)
2	腿	（名）tuǐ	다리
3	头晕	tóuyūn	머리가 어지럽다
4	呕吐	（动）ǒutù	토하다
5	腹泻	fùxiè	설사를 하다
6	体温	（名）tǐwēn	체온
7	打针	dǎzhēn	주사놓다

제 18 과

参觀工廠
공장견학

Xiànzài qǐng kàn zhège chējiān.

厂方　现在 请看 这个 车间。
씨엔짜이 칭 칸 ˚쩌 거 ˚처 지엔

Zhège chējiān hěn dà.　Zhè xiē bù zhēn piàoliang.　Zhè

金一　这个 车间 很 大。　这 些 布 真 漂亮。　这
˚쩌 거 ˚처 지엔 헌 따　˚쩌 ˚씨에 뿌 ˚쩐 피야오 량　˚쩌

xiē jīqì……

些 机器……
씨에 지 치

Zhè xiē jīqì dōu shì Zhōngguó zhìzào de.　Xiànzài yǐ

厂方　这 些 机器 都 是 中国 制造 的。　现在 已
˚쩌 씨에 지 치 또우 ˚스 ˚쭝 꿔 ˚쯔 짜오 더　씨엔짜이 이

jing bú tài xiānjin le.

经 不 太 先进 了。
징 뿌 타이 씨엔 진 러

Dànshì chǎnpǐn de zhìliang hái búcuò.

金一　但是 产品 的 质量 还 不错。
딴 ˚스 ˚찬 핀 더 ˚쯔 량 하이 뿌 춰

Bùshǎo guójiā gēn wǒmen dìng le huò.　Shàng ge yuè Hán

厂方　不少 国家 跟 我们 订 了 货。　上 个 月 韓
뿌 ˚싸오 꿔 쟈 껀 워 먼 띵 러 훠　˚쌍 거 유에 한

guó de yige gōngsī hái gēn wǒmen dìng le yige hétong.

国 的 一个 公司 还 跟 我们 订 了 一个 合同。
꿔 더 이 거 꿍 쓰 하이 껀 워 먼 띵 러 이 거 허 퉁

Shì ma?　Nà hǎo jile.　Nǐmen gōngchǎng yígòng yǒu

金一　是 吗?　那 好 极 了。　你们 工厂 一共 有
˚스 마　나 하오 지 러　니 먼 꿍 ˚창 이 꿍 여우

124

duōshao gōngrén?

多少　工人？
뭐 ˚싸오 꿍 ˚런

Yìqiān duō.

厂　方　一千　多。
이 치앤 뭐

Nǚgōng zhàn duōshao?

金　一　女工　占　多少？
뉘 꿍 ˚짠 뭐 ˚싸오

Nǚgōng zhàn sān fēn zhī èr.

厂　方　女工　占　三　分之　二。
뉘 꿍 ˚짠 싼 ˚펀 즈 얼

Wǒ xiǎng qù kànkan gōngrén jiātíng,　kěyǐ ma?

金　一　我　想　去　看看　工人　家庭，　可以　吗？
워 썅 췰 칸 칸 꿍 ˚런 쟈 팅 커 이 마

Kěyǐ.　Nàr jiù shì gōngrén sùshè.　Nín hái kěyǐ

厂　方　可以。　那儿　就　是　工人　宿舍。　您　还　可以
커 이 나 얼 지우 ˚스 꿍 ˚런 수 써 닌 하이 커 이

shùnbiàn kànkan tuō'érsuǒ、　gōngrén shítáng.

順便　看看　托儿所、　工人　食堂。
˚쑨 뼨앤 칸 칸 퉈 얼 쉬 꿍 ˚런 ˚스 탕

Hǎo,　nà jiù máfan nǐmen le.

金　一　好，　那　就　麻烦　你们　了。
하오 나 지우 마 ˚판 니 먼 러

工場側　이제부터 이 작업장을 보십시오.

金　一　이 작업장은 매우 크군요. 이 천들은 정말 아름답군요.

이 기계들은

……．

工場側　이 기계들은 모두

중국에서 제조한 것입

니다. 지금은 이미

별로 선진적인 것이

아닙니다.

金　—　그러나 제품의 질은 그런대로 좋습니다.

工 場 側　많은 나라가 우리와 제품계약을 했습니다. 지난달 한국의
　　　한 회사도 우리들과 계약을 했습니다.

金　—　그렇습니까? 그것은 잘 되었군요. 당신들의 공장은
　　　근로자가 모두 몇 명입니까?

工 場 側　천 명 남짓 됩니다.

金　—　여성 근로자는 얼마쯤 차지합니까?

工 場 側　여성 근로자는 3분의 2를 차지합니다.

金　—　나는 근로자의 가정을 보러가고 싶은데, 괜찮겠
　　　습니까?

工 場 側　괜찮습니다. 저기가 바로 근로자 기숙사입니다. 당신은 또
　　　가는 김에 탁아소와 근로자 식당도 구경할 수 있습니다.

金　—　네, 그럼 당신들에게 폐를 끼치겠습니다.

替 換 練 習　교 체 연 습

♣ 아래 줄친 부분을 교체하여 연습하시오.

1　这些机器都是中国制造的。　→ ｛ A 设备　　B 中国
　　　A　　B　　　　　　　　　 汽车　　　韓国

2　产品的质量还不错。　→ ｛ 不太好
　　　　　　　　　　　　　　不好
　　　　　　　　　　　　　　很差

3　日本的一个公司跟我们订了一个合同。

　　　　　　　　　　　　　　→ ｛ 那个商店
　　　　　　　　　　　　　　　　 那个农场

1	厂方	(名) chǎngfāng	공장측
2	车间	(名) chējiān	작업장
3	布	(名) bù	무명, 베 등의 직물, 천
4	机器	(名) jīqì	기계
5	制造	(动) zhìzào	제조하다, 생산하다
6	已经	(副) yǐjing	이미, 벌써
7	先进	(形) xiānjìn	선진적인
8	产品	(名) chǎnpǐn	생산품
9	质量	(名) zhìliang	품질
10	少	(形) shǎo	적다, 적게
11	国家	(名) guójiā	나라, 국가
12	订	(动) dìng	주문하다
13	货	(名) huò	상품
14	合同	(名) hétong	계약
15	占	(动) zhàn	차지하다
16	…分之…	…fēnzhī…	～분의～
17	宿舍	(名) sùshè	숙사, 기숙사
18	托儿所	(名) tuō'érsuǒ	탁아소
19	食堂	(名) shítáng	식당
20	设备	(名) shèbèi	설비
21	差	(形) chà	나쁘다, 좋지 않다

補充生詞 / 보충단어

1	纺织厂	（名）	fǎngzhīchǎng	방직공장
2	钢铁厂	（名）	gāngtiěchǎng	제철소
3	厂长	（名）	chǎngzhǎng	공장장
4	技术员	（名）	jìshùyuán	기술자
5	检验	（动）	jiǎnyàn	검사하다
6	进口	（名）	jìnkǒu	수입
7	出口	（名）	chūkǒu	수출

제 **19** 과

在洗衣店
세탁소에서

Nin xǐ shénme?

营业员 您 洗 什么？

넌 시 °선 머

Wǒ xiǎng xǐ yítào xīfú, yìtiáo qúnzi.

金小姐 我 想 洗 一套 西服， 一条 裙子。

워 쌍 시 이 타오 시 °푸　이 탸오 췬 °즈

Gānxǐ háishi shuǐxǐ?

营业员 干洗 还是 水洗？

깐 시 하이 °스 °수이 시

Gānxǐ. Shéme shihou kěyǐ xǐhǎo?

金小姐 干洗。 什么 时候 可以 洗好？

깐 시　°선 머 °스 허우 커 이 시 하오

Nín shíbā hào lái qǔ ba.

营业员 您 十八 号 来 取 吧。

넌 °스 빠 하오 라이 취 바

Duìbuqǐ. Shíbā hào wǒ yào cānjiā yíge huódòng,

金小姐 对不起。 十八 号 我 要 参加 一个 活动，

뚜이뿌 치이　°스 빠 하오 워 야오 찬 쟈 이 거 훠 뚱

néng bu néng tíqián yìdiǎnr?

能 不 能 提前 一点儿？

넝 뿌 넝 티 치엔 이 디 얼

Nà nín liǎngtiān yǐhòu lái qǔ ba.

营业员 那 您 两天 以后 来 取 吧。

나 닌 °량 티엔 이 허우 라이 취 바

Tài xièxie nǐ le.

金小姐 太 谢谢 你 了。

타이 씨에세 니 러

營業員 不客气。这是
Bú kèqi. Zhè shì
부 커 치 쩌 쓰

您的 取衣单。
nínde qǔyīdān.
닌 더 취 이 딴

金小姐 现在 交 钱 吗?
Xiànzài jiāo qián ma?
씨엔 짜이 쟈오 치엔 마

營業員 不, 取 衣服 的
Bù, qǔ yīfu de
뿌 취 이 푸 더

时候 交 钱。
shihou jiāo qián.
스 허우 쟈오 치엔

金小姐 这儿 能 织补 衣服 吗?
Zhèr néng zhībǔ yīfu ma?
쩌얼 넝 즈 뿌 이 푸 마

營業員 可以。
Kěyǐ.
커 이

金小姐 好。 晚饭 以前 我 拿来。
Hǎo. Wǎnfàn yǐqián wǒ ná lái.
하오 완 판 이 치엔 워 나 라이

店 員 당신은 무엇을 세탁하려 하십니까?

金 孃 나는 양복 한 벌과 치마를 하나 세탁하려 합니다.

店 員 드라이크리닝을 하시겠습니까, 아니면 물세탁을 하시겠습니까?

金 孃 드라이크리닝을 하겠습니다. 언제쯤 세탁이 되겠습니까?

店 員 18일날 찾으러 오십시오.

金 孃 미안하지만, 18일은 나는 어떤 행사에 참가해야 되는데,
　　　　조금 앞당길 수 없겠습니까?

店 員 그럼, 이틀 후에 찾으러 오십시오.

金 孃 너무 고맙습니다.

店	員	아니오, 괜찮습니다. 이것은 당신의 옷을 찾는 영수증입니다.
金	孃	지금 돈을 지불합니까?
店	員	아닙니다, 옷을 찾을 때 지불하십시오.
金	孃	여기서 짜깁기도 할 수 있습니까?
店	員	할 수 있습니다.
金	孃	그럼, 저녁 식사전에 가져 오겠습니다.

替換練習 교체연습

♣ 아래 줄친 부분을 교체하여 연습하시오.

1 我想洗<u>一套西服</u>。

$$\longrightarrow \begin{cases} 一件上衣 \\ 一件襯衫 \\ 兩条裤子 \end{cases}$$

2 <u>您</u><u>两天</u>以后<u>来取</u>。
   A B   C

$$\longrightarrow \begin{cases} A\ 我 & B\ 一个星期 & C\ 去旅行 \\ \quad 她 & \quad 吃饭 & \quad 去散步 \end{cases}$$

3 <u>取衣服的时候</u><u>交钱</u>。
   A   B

$$\longrightarrow \begin{cases} A\ 吃饭 & B\ 喝点酒 \\ \quad 游览 & \quad 照几张相 \end{cases}$$

生 词 · 새로나온 단어

1	洗	(动) xǐ	씻다, 빨다
2	西服	(名) xīfú	양복
3	裙子	(名) qúnzi	스커트
4	干	(形) gān	건조하다, 드라이
5	还是	(连) háishi	~이냐, 아니면~이냐
6	可以	(助动、动) kěyǐ	~할 수 있다, 해도 좋다
7	取	(动) qǔ	가지다, 취하다
8	活动	(名) huódòng	활동
9	提前	tíqián	기한을 앞당기다
10	以后	(名) yǐhòu	이후, ~한 다음
11	取衣单	(名) qǔyīdān	의복인환권
12	交	(动) jiāo	건네주다
13	织补	(动) zhībǔ	누덕누덕 깁다, 짜깁기
14	以前	(名) yǐqián	이전
15	拿	(动) ná	가지다, 들다
16	上衣	(名) shàngyī	저고리, 상의, 웃옷
17	衬衫	(名) chènshān	셔츠, 속옷
18	散步	(动) sànbù	산책하다

1	大衣	(名) dàyī	오버
2	外套	(名) wàitào	외투
3	衬裤	(名) chènkù	팬티
4	染	(动) rǎn	물들이다
5	黄	(形) huáng	노랑
6	蓝	(形) lán	파랑
7	白	(形) bái	희다
8	黑	(形) hēi	검다
9	绿	(形) lǜ	녹색

제 **20** 과

在理髮店
이용소에서

(1) 男 部

	Xiānsheng, qǐng zhèr zuò.	Nín lǐ shénme yàng(zi)de?
理发员	先生，请这儿坐。	您理什么样(子)的?
	씨엔 ˚성　칭 ˚쩌얼 쭤	닌 리 ˚선 머 양 ˚즈 더

	Zhào yuánláide yàngzi lǐ.
金　一	照 原来的 样子 理。
	짜오 유안 라이더 양 쯔 리

	Guā liǎn ma?
理发员	刮脸 吗?
	꽈 리엔 마

	Bú yòng le.　Guā yíxià húzi ba.
金　一	不用了。刮一下 胡子 吧。
	부 융 러러 　꽈 이 싸 후 쯔 바

	Qǐng dào zhèr lái xǐtóu. …… Cā diǎnr yóu ma?
理发员	请 到 这儿 来 洗头。……擦 点儿 油 吗?
	칭 따오 ˚머얼 라이 시 터우 　차 디얼 여우 마

	Hǎo,　shǎo yìdiǎnr.
金　一	好，少 一点儿。
	하오 싸오 이 디 얼

	Nín kàn,　zhèyàng xíng ma?
理发员	您看，这样 行 吗?
	닌 칸 ˚쩌 양 씽 마

	Hěn hǎo,　xièxie.
金·　一	很 好，谢谢。
	힌 하오 씨에 세

(1) 신사부

理髮所　선생, 여기 앉으십시오.
　　　　당신은 어떤 모양으로
　　　　이발을 하시겠습니까?

金　一　원래 모양대로 이발해
　　　　주십시오.

理容師　면도합니까?

金　一　필요없습니다. 수염만
　　　　조금 깎아 주십시오.

理容師　여기와서 머리 감으십시오.
　　　　……기름을 바르시겠습
　　　　니까?

金　一　예, 조금 발라 주십시오.

理容師　보십시오. 이러면 됐습니까?

金　一　아주 좋습니다. 고맙습니다.

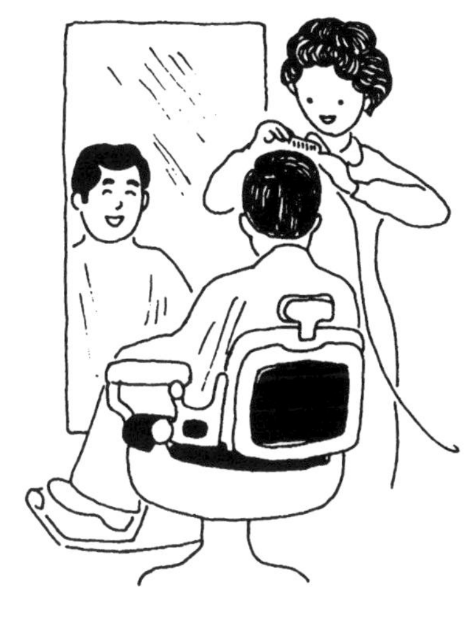

(2) 女 部

理发员　Nín jiǎn fà　háishì tàng fà?
　　　　您 剪 发 还是 烫 发?
　　　　닌　지엔 °파 하이°스 탕 °파

金夫人　Wǒ xiǎng zuò　yíge　xīn fàxíng.
　　　　我 想 做 一个 新 发型。
　　　　워　썅　쭤 이 거 씬 °파 씽

理发员　Nín yào shénmeyàng de?　Nínkàn,　zhè xiē fàxíng dōu shì
　　　　您 要 什么样 的?　您看, 这 些 发型 都 是
　　　　닌 야오 °선 머 양 더　닌 칸 °쪄 씨에 °파 씽 또우 °스
　　　　zuì xīnshì de.　Nín xǐhuan nǎ zhǒng?
　　　　最 新式 的。 您 喜欢 哪 种?
　　　　쭈이 씬 °스 더　닌 시 환 나 °쭝

金夫人　Zuò zhè zhǒng yàngzi de ba.
　　　　做 这 种 样子 的 吧。
　　　　줘 °쪄 °쭝 양 쯔 더 바

理发员　Hǎo. Sǎ diǎnr xiāngshuǐr, hǎo ma?
好。 洒 点儿 香水儿， 好 吗？
하오　써 디얼 썅'수이얼　하오 마

金夫人　可以。
커 이

理发员　Nín kàn, mǎnyì ma?
您 看， 满意 吗？
닌 칸　만이 마

金夫人　Búcuò, wǒ hěn mǎnyì. Xièxie.
不错， 我 很 满意。 谢谢。
뿌 춰　워 헌 만이　씨에 세

(2) 숙녀부

美 容 師　커트를 하실겁니까, 아니면 퍼머를 하실겁니까?

金 夫 人　나는 새로운 헤어스타일을 하고 싶습니다.

美 容 師　어떤 스타일을 원하십니까? 보십시오, 이 헤어스타일
　　　　　들은 모두 최신형입니다. 당신은 어떤 종류를 원하십니까?

金 夫 人　이런 스타일로 해주십시오.

美 容 師　좋습니다. 향수를 약간 뿌려도 괜찮습니까?

金 夫 人　괜찮습니다.

美 容 師　보십시오. 만족합니까?

金 夫 人　좋습니다. 아주 만족스럽습니다. 고맙습니다.

美 容 師　보십시오. 만족합니까?

金 夫 人　좋습니다. 아주 만족스럽습니다. 고맙습니다.

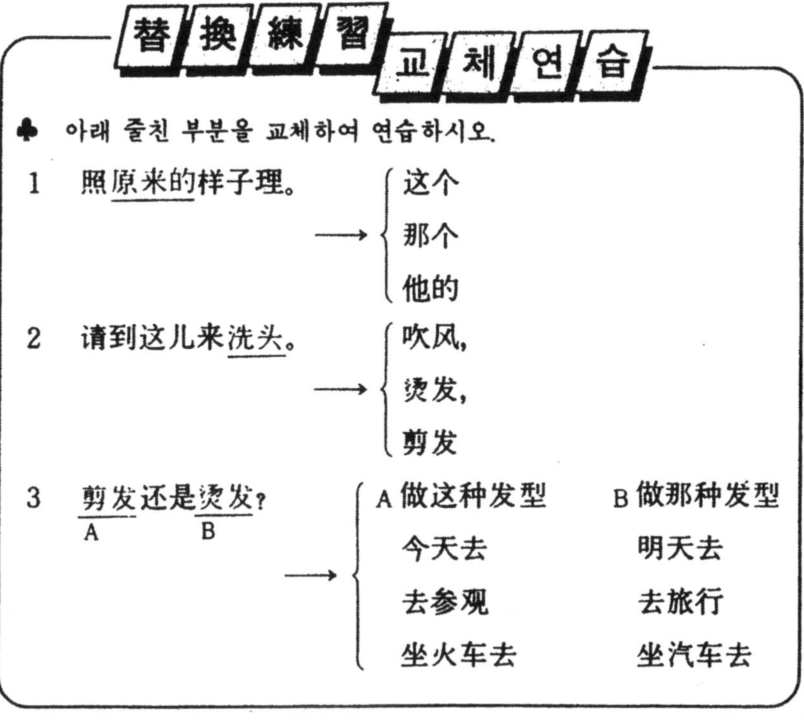

生　詞　　새로나온 단어

1	部	(名) bù	부, 부문
2	理	(动) lǐ	정리하다, 다듬다
3	头发	(名) tóufa	머리카락
4	样子	(名) yàngzi	모습, 모양, 스타일
5	照	(介) zhào	～와 같이
6	原来	(形、 yuánlái	원래(의)
7	刮	(动) guā	깎다, 밀다
8	脸	(名) liǎn	얼굴

9	胡子	（名）húzi	턱수염
10	擦	（动）cā	바르다
11	油	（名）yóu	기름, 포마드
12	行	（形）xíng	된다, 좋다
13	剪	（动）jiǎn	(가위로) 자르다
14	烫	（动）tàng	퍼머를 하다
15	新	（形）xīn	새로운
16	发型	（名）fàxíng	헤어스타일
17	新式	（形）xīnshì	신식, 유행하는 모양
18	洒	（动）sǎ	뿌리다
19	香水儿	（名）xiāngshuǐr	향수
20	满意	（形）mǎnyì	만족하다
21	吹风	chuīfēng	드라이하다

補充生詞 ／ 보충단어

1	梳子	（名）shūzi	빗
2	镜子	（名）jìngzi	거울
3	剪子	（名）jiǎnzi	가위

<table>
<tr><td>

제 21 과

旅行
여행

</td><td></td></tr>
</table>

		Yángzǐ, nǐ xiǎng qù nǎr lǚxíng?
张 民		阳子, 你 想 去 哪儿 旅行?
		양쯔 니 썅 춰나얼 뤼싱

		Wǒ qù Hángzhōu. Jīngguò Nánjīng、 Sūzhōu、 Shànghǎi,
阳 子		我 去 杭州。 经过 南京、 苏州、 上海,
		워 춰 항 쩌우 징 꿔 난 징 쑤 쩌우 상 하이
		zhǔnbèi zài nàr tíngliú jǐtiān.
		准备 在 那儿 停留 几天。
		쭌 뻬이 짜이 나 얼 팅 르리우 지 티엔

		"Shàng yǒu tiāntáng, xià yǒu Sū Háng". Hángzhōu shì ge
张 民		"上 有 天堂, 下 有 苏 杭"。 杭州 是 个
		상 여우 티엔 탕 쌰 여우 쑤 항 항 쩌우 스 거
		hǎo dìfang. Nàr fēngjǐng měi jíle.
		好 地方。 那儿 风景 美 极了。
		하오 띠 팡 나 얼 펑 징 메이 지 러

		Nǐ dǎsuàn qù nǎr?
阳 子		你 打算 去 哪儿?
		니 따 쏸 춰 나 얼

		Wǒ qù Guìlín.
张 民		我 去 桂林。
		워 춰 꾸이 린

		Nǐ gēn tóngxuémen yìqǐ qù ma?
阳 子		你 跟 同学们 一起 去 吗?
		니 껀 퉁 슈에먼 이 치 춰 마

		Bù, wǒ zìjǐ qù.
张 民		不, 我 自己 去。
		뿌 워 쯔 지 춰

Shénme shíhou zǒu?

阳　子　**什么 时候 走?**
선 머 스 허우 쩌우

Hòutiān xiàwǔ　　Nǐ ne?

张　民　**后天 下午。 你 呢?**
허우 티엔 싸 우　니 너

Wǒ hái méi bàn shǒuxù ne.

阳　子　**我 还 没 办 手续 呢。**
워 하이 메이 빤 서우 쉬 너

Nà hěn róngyì.　　Nǐ tián

张　民　**那 很 容易。 你 填**
나 헌 룽 이　니 티엔

yìzhāng "wàiguórén lǚxíng shēnqǐngbiǎo".　Tiánshang hùzhào

一张 "外国人 旅行 申请表"。　填上 护照
이 장　와이 꿔 런 뤼 싱 선 칭 빠오　티엔 상 후 짜오

hàomǎ,　　lǚxíng lùxiàn……

号码,　旅行 路线……
하오 마　뤼 싱 루 시엔

Wǒ yìhuǐr　　jiù qù bàn.

阳　子　**我 一会儿 就 去 办。**
워 이 후 얼 지우 쳐 빤

Nǐ zhǔnbèi qù lǚxíng duōcháng shíjiān?

张　民　**你 准备 去 旅行 多长 时间?**
니 쭌 뻬이 쳐 뤼 싱 뚸 창 스 지엔

Dàgài bànge yuè.

阳　子　**大概 半个 月。**
따 까이 빤 거 유에

Nà shíhou wǒ yě huílái le.　Wǒmen huílái jiàn ba.

张　民　**那 时候 我 也 回来 了。 我们 回来 见 吧。**
나 스 허우 워 이에 후이 라이 러　워 먼 후이 라이 지엔 바

張　民　양자씨, 당신은 어디로 여행을 떠날 생각입니까?

陽　子　나는 향주에 갑니다. 남경, 소주, 상해를 거쳐 거기서
　　　　며칠간 머물 예정입니다.

張　民　"하늘에는 천당이 있고, 땅에는 소항이 있다"는 말
　　　　처럼 향주는 참으로 좋은 곳입니다. 그곳은 경치가

　　　　　　무척 아름답습니다.
陽　　子　당신은 어딜 가실 예정입니까?
張　　民　나는 계림에 갑니다.
陽　　子　당신은 학우들과 함께 갑니까?
張　　民　아닙니다. 나 혼자 갑니다.
陽　　子　언제 떠납니까?
張　　民　모레 오후입니다. 당신은?
陽　　子　나는 아직 수속을 밟지 않았습니다.
張　　民　그건 매우 용이합니다. "외국인여행신청서"를 1장 기재
　　　　　하십시오. 여권번호, 여행코오스를 적고……
陽　　子　곧 수속을 밟겠습니다.
張　　民　당신은 얼마동안 여행할 예정입니까?
陽　　子　대략 반 달 가량입니다.
張　　民　그 때면 나도 돌아옵니다. 우리 돌아와서 만납시
　　　　　다.

替換練習 / 교체연습

♣ 아래 줄친 부분을 교체하여 연습하시오.

1　我准备在<u>那儿</u>停留几天。 → { 上海 / 杭州 / 北京 / 广州 }

2　我还没<u>办手续</u>呢。 → { 打电话 / 打电报 / 订票 }

3　我<u>一会儿</u>就去办。 → { 今天晚上 / 明天早上 / 马上 }

生詞 / 새로나온 단어

1	经过	(动、介) jīngguò	통과하다, 지나가다
2	准备	(动) zhǔnbèi	준비하다, ～할 예정이다
3	停留	(动) tíngliú	머무르다, 체류하다
4	天堂	(名) tiāntáng	천국, 극락
5	风景	(名) fēngjǐng	풍경, 경치
6	美	(形) měi	아름답다
7	打算	(助动) dǎsuàn	～하고자 하다

8	同学	（名）	tóngxué	학우
9	自己	（代）	zìjǐ	자기, 자신
10	办	（动）	bàn	처리하다(수속 등을)
11	手续	（名）	shǒuxù	수속
12	容易	（形）	róngyì	쉽다, 용이하다
13	外国	（名）	wàiguó	외국
14	申请表	（名）	shēnqǐngbiǎo	신청서
15	护照	（名）	hùzhào	여권
16	号码	（名）	hàomǎ	번호
17	路线	（名）	lùxiàn	코오스, 노선
18	一会儿	（名）	yìhuǐr	잠시
19	大概	（副）	dàgài	대개, 아마도
20	回	（动）	huí	돌아가(오)다
21	见	（动）	jiàn	만나다, 보다
22	订票		dìngpiào	(기차나 비행기등의) 표를 예약하다
23	马上	（副）	mǎshàng	지금바로, 곧

補充生詞 ／ 보충단어

1	难	（形）	nán	어렵다
2	旅客	（名）	lǚkè	여행객
3	外地	（名）	wàidì	외지, 다른곳.
4	签证	（名）	qiānzhèng	비자

제 **22** 과

買火車票
기차표를 사다

	Tóngzhì, wǒ mǎi yìzhāng qù Shànghǎi de huǒchēpiào.

阳 子 同志，我 买 一 张 去 上海 的 火车票。
통 °즈 워 마이 이 °장 취 °상 하이 더 휘 °처 퍄오

售 票 员 要 哪 天 的？
Yào nǎ tiān de?
야오 나 티엔 더

阳 子 今天 晚上 的 有 没有？
Jīntiān wǎnshang de yǒu méiyǒu?
진 티엔 완 °상 더 여우 메이여우

售 票 员 对不起，没有 了。
Duìbuqǐ, méiyǒu le.
뚜이 뿌 치이 메이여우 러러

阳 子 那买 明天 的 吧。
Nà mǎi míngtiān de ba.
나 마이 밍 티엔 더 바

售 票 员 要 哪 次 的？
Yào nǎ cì de?
야오 나 츠 더

阳 子 我 想 白天 到达。 你看我买 哪 次 车 好？
Wǒ xiǎng báitiān dàodá. Nǐ kàn wǒ mǎi nǎ cì chē hǎo?
워 쌍 빠이 티엔 따오 따 니 칸 워 마이 나 츠 처 하오

售 票 员 你买 十三 次 的 吧。
Nǐ mǎi shísān cì de ba.
니 마이 °스 싼 츠 더 바

阳 子 这 趟 车 是 特快 还是 直快？
Zhè tàng chē shì tèkuài háishì zhíkuài?
°쩌 탕 °처 °스 터 콰이 하이 °스 °즈 콰이

144

Tèkuài.

售票员　特快。

Hǎo.

阳　子　好。

Nǐ yào ruǎnwò háishi yìngwò?

售票员　你要软卧还是硬卧？

Wǒ yào yìngwò.

阳　子　我要硬卧。

Gěi nǐ piào.

售票员　给你票。

Zhè shì shàngpù, máfan nǐ huàn yìzhāng zhōngpù huòzhě xiàpù de.

阳　子　这是上铺, 麻烦你换一张中铺或者下铺的。

Hǎo, gěi nǐ zhèzhāng.

售票员　好, 给你这张。

Zhōngtú zài Nánjīng xiàchē, kěyǐ ma?

阳　子　中途在南京下车, 可以吗？

Kěyǐ. Nǐ zài chēzhàn qiān yíxià zì jiù xing le.

售票员　可以。你在车站签一下字就行了。

Zhè zhāng piào jǐtiān zhīnèi yǒuxiào?

阳　子　这张票几天之内有效？

Sāntiān.

售票员　三天。

Tuōyùn xíngli yǒu shénme shǒuxù?

阳　子　托运行李有什么手续？

Nǐ qù wènxùnchù dǎtīng ba.

售票员　你去问讯处打听吧。

陽　　子　동지, 상해가는 기차표
　　　　　　를 한 장 사려고 합니다.

出 札 係　몇 일 표를 원하십니까?

陽　　子　오늘 저녁표 있습니까?

出 札 係　미안합니다. 다 팔려
　　　　　　없습니다.

陽　　子　그럼, 내일 것을 사겠습니다.

出 札 係　몇 편 열차를 타시겠습니까?

陽　　子　낮에 도착할 생각입니다.
　　　　　　당신이 보건데 몇호차가 좋을 것 같습니까?

出 札 係　13호 열차표를 사십시오.

陽　　子　이 열차는 특급입니까, 아니면 급행입니까?

出 札 係　특급입니다.

陽　　子　예, 좋습니다.

出 札 係　당신은 A급 침대칸을 원하십니까, 아니면 B급 침대칸을 원하십니까?

陽　　子　B급 침대칸으로 주십시오.

出 札 係　차표 여기 있습니다.

陽　　子　이것은 상단이군요, 수고스럽지만 중단층이나 하단의
　　　　　　것으로 바꾸어 주십시오.

出 札 係　좋습니다. 이 표를 드리겠습니다.

陽　　子　도중에 남경에서 내려도 됩니까?

出 札 係　됩니다. 역에서 사인만 하면 됩니다.

陽　　子　이 표는 며칠간 유효합니까?

出 札 係　사흘간입니다.

陽　　子　짐을 탁송하려면 어떤 수속이 필요합니까?

出 札 係　안내소에 가서 물어 보십시오.

♣　아래 줄친 부분을 교체하여 연습하시오.

1　我买一张去<u>上海</u>的<u>火车</u>票。　→ { A 西安　　B 火车
　　　　　A　　　B　　　　　　　　　东京　　　飞机 }

2　你看我买<u>哪次车</u>好。

→ { 哪套邮票

哪张画

什么东西

什么纪念品 }

3　<u>这张票</u>几天之内有效?　→ { 这张飞机票

这个合同 }

<table><tr><td colspan="2" align="center">生　詞</td><td colspan="2" align="center">새로나온 단어</td></tr></table>

1	次（车）	（量）	cì（chē）	제~ (열차)
2	白天	（名）	báitiān	낮, 주간
3	到达	（动）	dàodá	도착하다
4	趟	（量）	tàng	~차례, (왕래의 횟수를 나타내는 양사)
5	特快	（名）	tèkuài	특급(열차)
6	直快	（名）	zhíkuài	급행(열차)
7	软卧	（名）	ruǎnwò	1등 침대
8	硬卧	（名）	yìngwò	2등 침대
9	上铺	（名）	shàngpù	상단 침대

10	中铺	(名) zhōngpù	중단 침대
11	或者	(连) huòzhě	혹은, 또는
12	下铺	(名) xiàpù	하단 침대
13	中途	(名) zhōngtú	중도, 도중
14	签字	qiānzì	사인하다, 수속을 하다
15	…之内	…zhīnèi	~안에, ~이내
16	有效	yǒuxiào	유효
17	托运	(动) tuōyùn	탁송하다
18	行李	(名) xíngli	짐
19	问讯处	(名) wènxùnchù	안내소
20	打听	(动) dǎting	물어보다, 묻다
21	飞机	(名) fēiji	비행기

专名　　고유명사

| 1 | 西安 | Xi'ān | 西安 |

補充生詞 / 보충단어

1	车厢	(名) chēxiāng	차량
2	餐车	(名) cānchē	식당차
3	列车员	(名) lièchēyuán	(열차의) 승무원, 차장
4	行李架	(名) xínglijià	선반
5	箱子	(名) xiāngzi	상자, 트렁크
6	旅行包	(名) lǚxíngbāo	여행가방
7	船	(名) chuán	배
8	站台	(名) zhàntái	플렛홈

<table>
<tr><td>

제 **23** 과

作客
방문

</td><td>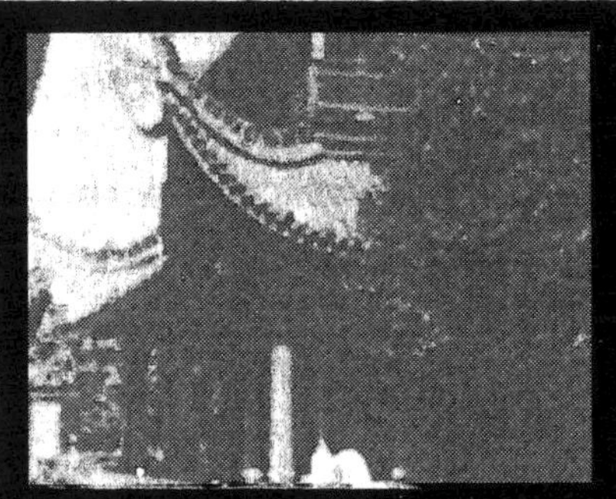</td></tr>
</table>

Nǐmen hǎo! Jīntiān lái dǎrǎo nǐmen le.

金 金夫人 一 **你们 好! 今天 来 打扰 你们 了。**
니 먼 하오　진 티엔 ㄹ라이 따°라오 니 먼 ㄹ러

Nǎli nǎli. Yǒu jīhuì jiēdài nǐmen, wǒmen hěn

老 周 **哪里, 哪里。 有 机会 接待 你们, 我们 很**
나 리　나 리　여우 지 후이 지에 따이 니 먼　워 먼 헌

gāoxìng.

高兴。
까오 씽

Qǐng zuò! Qǐng hē chá!

周 妻 **请 坐! 请 喝 茶!**
칭 쭤　칭 허°차

Bié kèqi.

金 一 **别 客气。**
비에 커 치

Zhè shì wǒde liǎngge háizi. Xiǎo Hóng, Xiǎo Míng, lái,

周 妻 **这 是 我的 两个 孩子。 小 红, 小 明, 来,**
°써 °스 워 더 ㄹ량 거 아이 쯔　　샤오 훙　샤오 밍　ㄹ라이

jiào shūshu, āyí!

叫 叔叔, 阿姨!
°쨔오 °쑤 °수　아 이

Nǐ nǚ'ér duōdà le?

金夫人 **你 女儿 多大 了?**
니 뉘 얼 뛰 따 ㄹ러

Shísān suì le. Zài zhōngxué xuéxí.

周 妻 **十三 岁 了。 在 中学 学习。**
°스 싼 쑤이 ㄹ러　　짜이 °쯩 슈에 슈에 시

Nǐde érzi jǐ suì le?

金　一　你的 儿子 几 岁 了？
　　　　니 더 얼 쯔 지 쑤이 러

Kuài shi suì le.

周　妻　快 十 岁 了。
　　　　콰이 °스 쑤이 러

Zhè shi wǒ mǔqin. Xiàn-

老　周　这 是 我 母亲。现
　　　　°쩌 °스 워 무 친 씨엔

zài tuìxiū zàijiā.

　　　　在 退休 在家。
　　　　짜이 투이 씨우 짜이 쟈

Lǎo tàitai, nin duōdà niánjì le? Shēntǐ hái hǎo ba?

金夫人　老 太太， 您 多大 年纪 了？ 身体 还 好 吧？
　　　　라오 타이 타이　닌 뚸 따 니엔 지 러　°썬 티 하이 하오 바

Xièxie Liùshiwǔ le. shēntǐ hái jiēshi.

周　母　谢谢。 六十五 了， 身体 还 结实。
　　　　씨에 세　리우°스 우 러　°썬 티 하이 지에°스

Zhōu tóngzhì, nin àiren yě gōngzuò ma?

金夫人　周 同志， 您 爱人 也 工作 吗？
　　　　쩌우 퉁°즈 닌 아이°런 이에 꿍 쭤 마

Wǒ yě gōngzuò. wǒ zài tuō'érsuǒ gōngzuò.

周　妻　我 也 工作， 我 在 托儿所 工作。
　　　　워 이에 꿍 쭤　워 짜이 퉈 얼 쒀 꿍 쭤

Nǐmen dōu gōngzuò, měitiān hěn máng ba.

金　一　你们 都 工作， 每天 很 忙 吧。
　　　　니 먼 또우 꿍 쭤　메이 티엔 헌 망 바

Shì a, wǒmen měitiān dōu shàng bān, xīngqītiān xiūxi.

周　妻　是 啊， 我们 每天 都 上 班， 星期天 休息。
　　　　°스 아　워 먼 메이 티엔 또우 °상 빤　씽 치 티엔 씨우 시

Wǒ zài jiā zuòzuo fàn, liàolǐ liaoli jiāwù

周　母　我 在 家 做做 饭， 料理 料理 家务。
　　　　워 짜이 쟈 쭤 쭤 °판　랴오 리 랴오 리　쟈 우

Nǐmen shēnghuó hěn búcuò a!

金夫人　你们 生活 很 不错 啊！
　　　　니 먼 °성 훠 헌 부 취 아

Xiànzài bǐ yǐqián hǎo duō le.

老　周　现在 比 以前 好 多 了。
　　　　씨엔 짜이 삐 이 치엔 하오 뚸 러

周　妻　快 六点 了, 你们 在 这儿 吃 顿 便饭 吧。
Kuài liùdiǎn le. nǐmen zài zhèr chī dùn biànfàn ba.

金　一　不 了, 我们 还 有 别的 事, 谢谢 你们 的 热
Bù le, wǒmen hái yǒu biéde shì, xièxie nǐmen de rè

情 招待。 下次 再 来 吧。
qíng zhāodài. Xiàcì zài lái ba.

金夫人　别 送 了。 再见!
Bié sòng le. Zàijiàn!

老　周　再见! 欢迎 你们 以后 再 来!
Zàijiàn! Huānyíng nǐmen yǐhòu zài lái!

金·金夫人·周　안녕들 하십니까? 오늘 당신들에게 폐를 끼치러 왔습니다.

뭘요, 별 말씀을. 당신들을 접대할 기회가 있게 되어

우리들은 매우 기쁩니다.

周夫人　앉으십시오. 어서 차를 드십시오.

金　一　사양하지 않습니다.

周夫人　이들은 나의 두 아이입니다. 소홍, 소명, 와서 아저씨,

아주머니께 인사 드려라.

金　一　딸은 몇 살입니까?

周夫人　13살입니다. 중학교에 다닙니다.

金　一　아들은 몇 살입니까?

周夫人　곧 10살됩니다.

周　이쪽은 저의 어머니입니다. 지금은 퇴직해서 집에 계십니다.

金夫人　할머니, 연세가 어떻게 되십니까? 건강은 아직

좋으시지요?

周氏의 母親　고마워요. 예순 다섯이에요, 몸은 아직 건강합니다.

金夫人　주동지, 당신 부인도 직장생활을 하고 있습니까?

周 夫 人	저도 직장생활을 하고 있습니다. 저는 탁아소에서 일하고 있습니다.
金 一	두 분 다 직장생활을 하시니 매일 바쁘겠습니다.
周 夫 人	그렇습니다. 우리는 매일 출근하며 일요일은 쉽니다.
母	나는 집에서 밥을 짓고, 집안일을 합니다.
金 夫 人	당신들의 생활은 매우 좋군요.
周	지금은 전보다 많이 좋아졌습니다.
周 夫 人	6시가 다 되었군요. 여기서 간단한 식사를 하십시오.
金 一	아닙니다, 우리들은 또 다른 일이 있습니다. 당신들의 따뜻한 접대에 감사합니다. 다음에 또 오겠습니다.
金 夫 人	나오지 마십시오. 안녕히 계십시오.
周	안녕히 가십시오. 당신들이 다음에 또 오는 것을 환영합니다.

替換練習 교체연습

♣ 아래 줄친 부분을 교체하여 연습하시오.

1 <u>你的儿子</u>几岁了。 → { 他的女儿 / 他的孩子 / 那个孩子 }

2 <u>你女儿</u>多大了？ → { 你哥哥 / 您姐姐 / 他弟弟 / 她妹妹 }

3 <u>您</u>多大年纪了？ → { 你父亲 / 他母亲 / 那位老太太 }

4 <u>现在</u><u>比</u><u>以前</u>好多了。
　　A　　B

→ | A 这件衣服　　B 那件衣服
　 这个饭店　　那个饭店
　 这个电影　　那个电影

生　詞　　새로나온 단어

1	打扰	（动）	dǎrǎo	방해를 놓다, 페를 끼치다
2	接待	（动）	jiēdài	접대하다
3	孩子	（名）	háizi	아이
4	叫	（动）	jiào	～라고 부르다
5	叔叔	（名）	shūshu	아저씨, 숙부
6	阿姨	（名）	āyí	아주머니, 이모
7	岁	（量）	suì	～세, 나이
8	中学	（名）	zhōngxué	중학교
9	退休	（动）	tuìxiū	사퇴하다, 정년퇴직하다
10	老太太	（名）	lǎotàitai	할머니
11	年纪	（名）	niánji	나이, 연령
12	结实	（形）	jiēshi	건강하다, 튼튼하다
13	每	（代）	měi	매 ～
14	上班		shàng bān	출근하다
15	料理	（动）	liàolǐ	일을 준비하다, 처리하다
16	生活	（动、名）	shēnghuó	생활(하다)
17	比	（动、介）	bǐ	비교하다, ～에 비교해서, ～보다

18	顿	(量) dùn	~회 (식사의 횟수를 세는)
19	便饭	(名) biànfàn	평상시의 식사, 간단한 식사
20	热情	(形) rèqíng	열렬한, 친절한, 마음을 쓰다
21	招待	(动) zhāodài	접대하다
22	送	(动) sòng	전송하다

专名　　고유명사

1	老周	Lǎo Zhōu	주씨
2	周妻	Zhōu qī	주씨 처
3	周母	Zhōu mǔ	주씨 모친

補充生詞 / 보충단어

1	主人	(名) zhǔrén	주인
2	客人	(名) kèrén	손님
3	收入	(动、 shōurù	수입
4	房租	(名) fángzū	집세
5	费用	(名) fèiyòng	비용
6	接	(动) jiē	출영하다, 마중나가다
7	下班	xià bān	퇴근하다

제 **24** 과

在海關
세관에서

工作人员
Kànkan nǐmen liǎngwèi de hùzhào hé fēijīpiào.
看看 你们 两位 的 护照 和 飞机票。
칸 칸 니 먼 량 웨이 더 후 ˚짜오 허 ˚페이 지 퍄오

金
金夫人
Zài zhèr.
在 这儿。
짜이 쩌 얼

工作人员
Nǐmen yǒu jǐjiàn xingli?
你们 有 几件 行李?
니 먼 여우 지 지엔 씽 리

金
Sìjiàn dōu zài zhèr.
四件, 都 在 这儿。
쓰 지엔 또우 짜이 ˚쩌 얼

金夫人
Liǎngge xiāngzi, liǎngge lǚxíngbāo.
两个 箱子, 两个 旅行包。
량 거 쌍 즈 량 거 뤼 싱 빠오

工作人员
Nǐmende xíngli chāozhòng le wǔgōngjīn. Qǐng dào nàbiān qù jiāo qián ba. Nǐmende hǎiguān shēnbàobiǎo dàilái le ma?
你们的 行李 超重 了 五公斤。 请 到 那边 去 交 钱 吧。 你们的 海关 申报表 带来 了 吗?
니 먼 더 씽 리 ˚차오 ˚쭝 러 우 꿍 진 칭 따오 나 삐엔 취 쟈오 치엔 바 니 먼 더 하이 꽌 ˚선 빠오 뺘오 따이 ㄹ라이 러 마

金夫人
Dàilái le.
带来 了。
따이 ㄹ라이 러

工作人员
Qǐng dǎkāi xingli, wǒ kànkan.
请 打开 行李, 我 看看。
칭 따 카이 씽 리 워 칸 칸

Hǎo,   qǐng jiǎnchá.

金　一　好，请 检查。
　　　　하오　　칭 지엔˚차

Hǎo,   jiǎnchá wán le.

工作人员　好，检查 完了。
　　　　하오　　지엔˚차 완 러

Zàijiàn!

再见!
짜이 지엔

Zàijiàn!   Chūjìng de

金夫人　再见!   出境 的
　　　　짜이 지엔　˚추 징 더

shǒuxù bǐ rùjìng jiǎndān duō le.

手续 比 入境 简单 多了。
˚서우 쉬 삐 ˚루 징 지엔 따 뚸 러

Shì a!   Rùjìng de shíhou yào jiǎnchá hùzhào,   hái yào

金　一　是 啊!   入境 的 时候 要 检查 护照，还 要
　　　　˚스 아　˚루 징 더 ˚스 허우 야오 지엔˚차 후 ˚짜오　하이 야오

tián shēnbàobiǎo,   yǒude dōngxi hái yào shàng shuì ne.

填 申报表，   有的 东西 还 要 上 税 呢。
티엔 ˚선 빠오 빠오　여우 더 뚱 시 하이 야오 ˚상 ˚쑤이 너

Shíjiān hái zǎo,   wǒmen xiān qù hòujīshì xiūxi yíxià ba.

金夫人　时间 还 早，   我们 先 去 候机室 休息 一下 吧。
　　　　˚스 지엔 라이 짜오　위 먼 씨엔 취 허우 지 ˚스 씨우 시 이 샤 바

係　　員　두 분의 여권과 비행기표를 보여 주십시오.

金　一
金夫人　여기 있습니다.

係　　員　당신들은 짐이 몇 개입니까?

金　一　네 개입니다. 모두 여기 있습니다.

金夫人　트렁크 2개와 여행가방 2개입니다.

係　　員　당신들의 짐은 중량이 5kg 초과했습니다. 저쪽에 가서

　　　　돈을 내십시오. 세관신고서는 가지고 왔습니까?

金夫人　가지고 왔습니다.

156

係　　員　　짐을 열어 좀 보여 주십시오.

金　　一　　좋습니다. 검사하십시오.

係　　員　　됐습니다, 검사가 끝났습니다. 안녕히 가십시오.

金　夫　人　　안녕히 계십시오. 출국수속은 입국수속보다 훨씬 간단하군요.

金　　一　　그래요. 입국할 때는 여권을 검사해야 하고, 또
　　　　　　신고서도 써야 하며, 어떤 물건은 세금까지 물어야
　　　　　　하니까요.

金　夫　人　　아직 시간이 이르니, 우리 우선 공항대합실에 가서 좀
　　　　　　쉽시다(쉬어요).

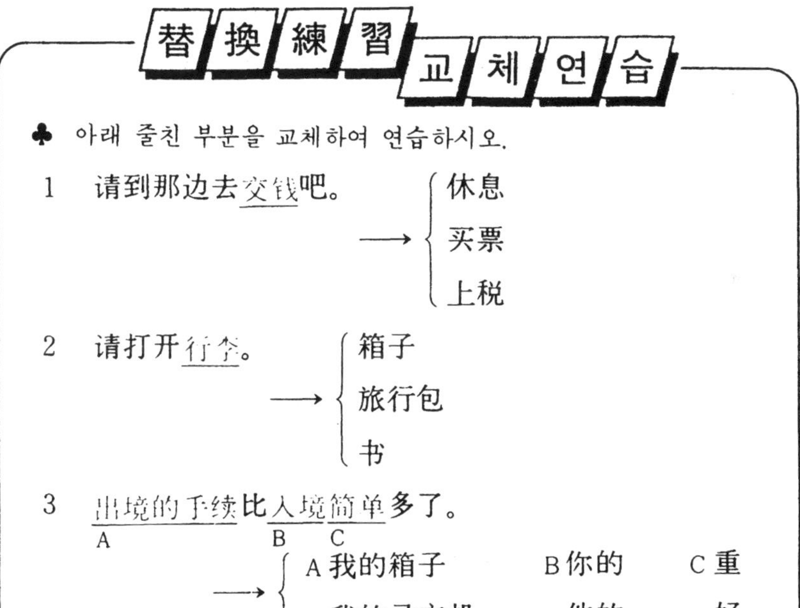

♣　아래 줄친 부분을 교체하여 연습하시오.

1　请到那边去<u>交钱</u>吧。
　　　　　　⟶ ┌ 休息
　　　　　　　 │ 买票
　　　　　　　 └ 上税

2　请打开<u>行李</u>。
　　　　　　⟶ ┌ 箱子
　　　　　　　 │ 旅行包
　　　　　　　 └ 书

3　<u>出境的手续</u>比<u>入境</u><u>简单</u>多了。
　　A　　　　　　B　C
　　　　⟶ ┌ A 我的箱子　　　B 你的　　C 重
　　　　　 └ 我的录音机　　　他的　　　好

生 詞 / 새로나온 단어

1	海关	（名）hǎiguān	세관
2	箱子	（名）xiāngzi	상자, 트렁크
3	旅行包	（名）lǚxíngbāo	여행가방
4	公斤	（量）gōngjīn	킬로그램
5	那边	（代）nàbiān	그쪽, 저쪽
6	申报表	（名）shēnbàobiǎo	신고서
7	带	（动）dài	지니다. 휴대하다
8	打开	（动）dǎkāi	열다
9	检查	（动）jiǎnchá	검사하다
10	出境	chūjìng	출국
11	入境	rùjìng	입국
12	简单	（形）jiǎndān	간단하다
13	上税	shàng shuì	세금을 내다
14	早	（形）zǎo	이르다
15	候机室	（名）hòujīshì	공항대합실
16	书	（名）shū	책
17	重	（形）zhòng	무겁다
18	录音机	（名）lùyīnjī	녹음기

補充生詞 / 보충단어

1	中国民航	Zhōngguó mínháng	중국민항(CAAC)
2	客机	(名) kèjī	여객기
3	班机	(名) bānjī	정기항공편
4	门	(名) mén	문, 출입구
5	窗户	(名) chuānghu	창문

제 **25** 과

送别
전송

张华　Jīn xiānsheng, Jīn fūrén, qù Hànchéng de fēi-
金 先生, 金 夫人, 去 漢城 的 飞
进 씨엔°성 진 °푸°런 취 한°청 더 °페이

jī háiyǒu bàn xiǎoshí cái qǐfēi. Qǐng xiān qù hòujīshì
机 还有 半 小时 才 起飞。 请 先 去 候机室
지 하이여우 빤 샤오°스 차이 치°페이 칭 씨엔 취 허우지°스

zuò yìhuǐr ba.
坐 一会儿 吧。
쮜 이후 얼 바

金夫人　Hǎo.
好。
하오

张华　Yíge duō yuè yǐlái, duì nǐmen de zhàogu hěn bù zhōu
一个 多 月 以来, 对 你们 的 照顾 很 不 周
이 거 뛰 유에 이 라이 뚜이 니 먼 더 °짜오구 헌 뿌 쪼우

dào, qǐng duō yuánliàng.
到, 请 多 原谅。
따오 칭 뛰 유에 량

金一　Nín tài kèqi le. Wǒmen zài zhèr jiù xiàng zài jiāli
您 太 客气 了。 我们 在 这儿 就 象 在 家里
닌 타이 커 지 러 워 먼 싸이 °쩔 얼 지우 쌍 짜이 샤 리

yíyàng. Wǒmen rènshi le hěn duō Zhōngguó péngyou, cān
一样。 我们 认识 了 很 多 中国 朋友, 参
이 양 워 먼 °런 °스 러 헌 뛰 °펑 겨 펑 여우 찬

guān le hěn duō dìfang, hái yóulǎn le bùshǎo míngshèng
观 了 很 多 地方, 还 游览 了 不少 名胜
간 러 헌 뛰 따 °광 하이 여우 란 러 뿌 싸오 밍 °성

gǔjī.

古迹。
꾸 지

Wǒmen guòde hěn yúkuài.

金夫人　我们 过得 很 愉快。
워 먼 꿔 더 헌 위 콰이

Huānyíng nǐmen yǒu jīhuì zài lái.

张　华　欢迎 你们 有 机会 再 来。
환 잉 니 먼 여우 지 후이 짜이 라이

Yídìng. Hán Zhōng liǎngguó yìyīdàishuǐ, Wǒmende

金　一　一定。 韩 中 两国 一衣带水，我们的
이 띵 한 쭝 량 궈 이 이 따이 수이 워 먼 더

yǒuyì rìyì fāzhǎn. Jiànmiàn de jīhuì yídìng yuè lái

友谊 日益 发展。 见面 的 机会 一定 越 来
여우 이 르 이 파 짠 지엔 미엔 더 지 후이 이 띵 유에 라이

yuè duō.

越 多。
유에 뚸

Xīwàng yǐhòu zài Hànchéng jiàndào nín.

金夫人　希望 以后 在 漢城 见到 您。
시 왕 이 허우 짜이 한 청 지엔따오 닌

Yǒu jīhuì wǒ yídìng qù bàifǎng nǐmen. Fēijī kuài qǐ

张　华　有 机会 我 一定 去 拜访 你们。 飞机 快 起
여우 지 후이 워 이 띵 취 빠이 팡 니 먼 페이 지 콰이 치

fēi le.

飞 了。
페이 러

Hǎo, wǒmen zǒu le. Zhāng tóngzhì, zàijiàn!

金　一　好，我们 走 了。 张 同志， 再见!
하오 워 먼 쩌우 러 장 뚱 즈 짜이 지엔

Qǐng xiàng nǐmen jiālǐ rén wènhǎo!

张　华　请 向 你们 家里 人 问好!
칭 썅 니 먼 쟈 리 런 워 하오

Xièxie. Zàijiàn!

金夫人　谢谢。 再见!
씨에 세 짜이 지엔

Zàijiàn! Zhù nǐmen yílù píng'ān!

张　华　再见! 祝 你们 一路 平安!
짜이 지엔 쭈 니 먼 이 루 핑 안

張　華　김선생님, 김부인. 서울행
　　　　비행기는 아직 반시간 후에
　　　　야 이륙합니다. 우선
　　　　대합실에 가서 잠시
　　　　앉아 있읍시다.

金夫人　좋습니다.

張　華　한달 남짓동안 당신들을 잘 보살펴
　　　　드리지도 못했으니
　　　　많이 용서하십시
　　　　오.

金　一　너무 겸손하시군요. 우리들은 여기에 있는 것이 마치
　　　　우리네 집에 있는 것과 같았습니다. 우리는 많은 중국
　　　　친구를 알게 되었고, 많은 곳을 견학했으며, 또 명승고
　　　　적지도 많이 관람했습니다.

金夫人　우리들은 무척 즐겁게 지냈습니다.

張　華　기회가 있으면 또 오시길 환영합니다.

金　一　꼭 오겠습니다. 한·중 양국은 일의대수로, 우리들의
　　　　우의는 날로 발전할 것입니다. 만날 기회가 틀림없이
　　　　점점 많아질 걸로 생각합니다.

金夫人　다음에는 서울에서 당신을 만나길 바랍니다.

張　華　기회가 있으면, 나는 꼭 당신들을 방문하겠습니다. 비행기가
　　　　곧 이륙합니다.

金　一　그럼, 우린 가겠습니다. 장동지 안녕히 계십시오.

張　華　가족들에게 안부 전해 주십시오.

金夫人　고맙습니다. 안녕히 계십시오.

張　華　안녕히 가십시오. 무사히 가시기를 빕니다.

♣ 아래 줄친 부분을 교체하여 연습하시오.

1 <u>见面的机会</u> <u>越来越多</u>。
   A   B
   → { A 天气   B 冷
        天气   热
        生活   好 }

2 请向<u>你们家里人</u>问好!
   → { 你父母
        李同志 }

1	小时	(名) xiǎoshí	~시간
2	才	(副) cái	겨우, 비로소
3	起飞	(动) qǐfēi	이륙하다
4	以来	yǐlái	~이래
5	对	(介) duì	~에 대하여
6	照顾	(动) zhàogu	보살피다
7	周到	(形) zhōudào	용의주도하다, 빈틈이 없다
8	原谅	(动) yuánliàng	용서하다, 양해하다
9	象…一样	xiàng…yíyàng	마치 ~와 같다
10	里(边)	(名) lǐ(biān)	안, 안쪽
11	一衣带水	yìyīdàishuǐ	일의 대수(근접해 있음을 비유함)
12	日益	(副) rìyì	나날이, 날마다

13	发展	（动）	fāzhǎn	발전하다
14	越来越…		yuèláiyuè…	더욱 더~
15	希望	（动、名）	xīwàng	희망(하다), 바라다
16	拜访	（动）	bàifǎng	방문하다(정중한 말)
17	向	（介）	xiàng	~에게 (대하여)
18	祝	（动）	zhù	축복하다, 빌다
19	一路平安		yílù píng'ān	무사히 가시기를 빌다
20	天气	（名）	tiānqì	날씨
21	热	（形）	rè	덥다, 뜨겁다

補充生詞 ／ 보충단어

1	候车室	（名）	hòuchēshì	역대합실
2	时刻表	（名）	shíkèbiǎo	시간표
3	访问	（动）	fǎngwèn	방문하다
4	告别	（动）	gàobié	헤어지다, 작별하다
5	降落	（动）	jiàngluò	착륙하다

常用語句
付　　　錄

<table>
<tr><td>

常用語句
일상어구

</td></tr>
</table>

1 称呼

Tóngzhi! 퉁 °즈 !
同志!

Lǎo——! (Lǎo Zhāng, Lǎo Lǐ……)
라오- ! (라오 °쨩, 라오 리……)
老——! (老 张, 老李……)

Xiǎo——! (Xiǎo Zhū, Xiǎo Wáng……)
쌰오- ! (쌰오 °쭈, 쌰오 왕……)
小——! (小 朱, 小 王……)

Xiǎo péngyou! 쌰오 펑 여우 !
小 朋友!

Xiānsheng! 씨엔 °성 !
先生!

Fūrén! °푸 °런 !
夫人!

Tàitai! 타이 타이 !
太太!

Xiǎojiě! 쌰오 제 !
小姐!

Lǎo dàye 라오 따이에
老 大爺

Lǎo dàniáng 라오 따냥
老 大娘

Dàye 따 이에
大爷

Dàniáng 따 냥
大 娘

1 호칭

O씨, O군, O동지(잘모르는 상대방에 대한 통칭)

~씨 (장씨, 이씨…)연상이나 같은 또래의 가까운 친구끼리의 호칭

~군 (주군, 왕군…)연하의 가까운 상대에 대한 호칭)

어린 친구(어린이에 대한 애칭)

선생, 씨

부인, 많은 경우 외국인에 대해서 사용함

부인, 현재는 그다지 사용하지 않음

O양, 아가씨

남자 어른에 대한 호칭

여자 어른에 대한 호칭

자기 아버지보다 나이많은 남자에 대한 호칭

자기 어머니보다 나이많은 여자에 대한 호칭

Dàshū 따°쑤
大叔 　　　　아저씨 (아버지보다 약간 젊은이에게)

Dàshěn 따°썬
大婶 　　　　아주머니 (어머니보다 약간 젊은이에게)

Shīfu °쓰°푸
师傅 　　　　숙련공, 기술자에 대한 경칭

Lǎoxiāng 라오 썅
老乡 　　　　면식이 없는 농민에 대한 경칭

2 问候 　　　　2 인사

Nǐ hǎo! 니 하오！
你 好! 　　　　안녕하십니까！(아침, 낮, 저녁의 인사의 뜻으로도 쓰임).

Zǎoshang hǎo! 짜오°상 하오！
早上 好! 　　　　(아침인사)안녕하십니까？

Wǎnshang hǎo! 완°상 하오！
晚上 好! 　　　　(저녁인사)안녕하십니까？

Nǐ shēntǐ hǎo ma? 니°썬티 하오 마？
你 身体 好 吗? 　　　　몸은 건강하십니까？

Gōngzuò máng ma? 꿍 쭤 망마？
工作 忙 吗? 　　　　하시는 일은 바쁘십니까？

Qǐng tì wǒ wènhòu×× 칭 티 워 원 허우××！
请 替 我 问候××! 　　　　○○씨에게 안부전해주십시오.

Qǐng xiàng ×× wèn hǎo! 칭 썅 ×× 원 하오！
请 向 ××问 好! 　　　　○○씨에게 안부전해주십시오.

Nín zuìjìn hǎo ma? 닌 쭈이진 하오 마？
您 最近 好 吗? 　　　　요사히 안녕하십니까？

Nín àiren hǎo ma? 닌 아어°런 하오 마？
您 爱人 好 吗? 　　　　부인(남편)은 안녕하십니까？

Nín jiālǐ rén dōu hǎo ma? 닌 쨔리 °런 또우 하오 마？
您 家里 人 都 好 吗? 　　　　가족은 모두 안녕하십니까？

Gōngzuò hǎo (shùnlì) ma? 꿍 쭤 하오 (°쑨 리) 마？
工作 好(＝顺利) 吗? 　　　　하시는 일은 잘 되어갑니까？

Shuìde hǎo ma? °쑤이 더 하오 마？
睡得 好 吗? 　　　　안녕히 주무셨습니까？

3 打招呼 　　　　3 말을 걸다

Nǐ qù nǎr a? 니 취 나얼 아？
你 去 哪儿 啊? 　　　　어디에 가십니까？

167

你 上 班 去 啊? 출근 하십니까?

你 下 班 了? 퇴근 하셨습니까?

上 课 去 啊? 공부하러 갑니까?

下 课 了? 수업이 끝났습니까?

吃 饭 去 啊? 식사하러 갑니까?

买 东 西 去 啊? 물건사러 갑니까?

您 上 哪儿 去? 당신은 어디에 가십니까?

您 到 哪儿 去? 당신은 어디에 가십니까?

吃 饭 了 吗? 식사 하셨습니까?

4 感谢　　4 감사

谢谢! 감사합니다.

谢谢 你! 고맙습니다(감사합니다).

非常 感谢 你! 정말 감사합니다.

向 你 表示 感谢! 당신에게 감사의 뜻을 표합니다.

麻烦 您 了。 수고했습니다.

谢谢 您 的 关心。 관심을 가져 주셔서 감사합니다.

谢谢 你们 的 热情 招待。 열렬한 초대에 감사드립니다.

5 请求　　5 남에게 부탁을 할때

请 问。 말씀좀 묻겠습니다.

Dǎrǎo nǐ yixià. 따°라오 니 이쌰.
打扰 你 一下。
실례 좀 하겠습니다.

Wǒ bù dǒng. qǐng fānyi yixià. 워 뿌뚱 칭 °판이 이쌰.
我 不 懂, 请 翻译 一下。
나는 이해가 안갑니다. 통역 좀 해주십시오.

Qǐng nǐ màn yìdiǎnr shuō. 칭 니 만 이디얼 °쉬.
请 你 慢 一点儿 说。
조금 천천히 말씀해 주십시오.

Qǐng nǐ zài shuō yibiàn. 칭 니 짜이 °쉬 이삐엔.
请 你 再 说 一遍。
한번 더 말씀해 주십시오.

Máfan nǐ, gàosu wǒ(tā) yixià. 마°판 니, 까오쑤 워(타) 이쌰.
麻烦 你, 告诉 我(他) 一下。
죄송하지만, 나에게(그에게) 말씀해 주십시오.

Nǐ néng péi wǒ qù ma? 니 넝 페이 워 취 마?
你 能 陪 我 去 吗?
나와 같이 좀 가주시겠습니까?

Wǒmen qù kàn diànyǐng, zěnmeyang? 워먼 취 칸 띠엔잉, 쩐머양?
我们 去 看 电影, 怎么样?
우리 영화구경 가는것 어떻습니까?

Láo jià! 라오 쨔!
劳 驾!

Xiǎng tuō nin yijiàn shì. 쌍 퉈 닌 이지엔 °스.
想 托 您 一件 事。
당신에게 일 한가지 부탁 드리겠습니다.

Máfan nǐ yíxià. 마°판 니 이쌰.
麻烦 你 一下。
폐를 좀 끼치겠습니다.

Qǐng jiāogěi tā. 칭 쟈오게이 타.
请 交给 他。
그사람한테 전해 주십시오.

Qǐng diǎnyidiǎn. 칭 디엔 이 디엔.
请 点一点。
(숫자를) 잘 확인하십시오.

Ràng wǒ kànkan. °랑 워 칸칸.
让 我 看看。
저에게 좀 보여주십시오.

Qǐng bié wàngle. 칭 비에 왕러.
请 别 忘了。
잊지 마십시오.

Qǐng bú yào gēn biéren shuō. 칭 뿌 야오 껀 비에°런 °쉬.
请 不 要 跟 别人 说。
다른사람한테 말하지 마십시오.

Jiègěi wǒ. 지에게이 워.
借给 我。
저한테 좀 빌려주십시오.

Zhè yidiǎn qǐng dàjiā yuánliàng. 이 디엔 칭 따쟈 유안량.
这 一点 请 大家 原 谅。
이점에 대하여 여러분의 용서를 바랍니다.

Wǒ xiǎng dǎting yijiàn shì. 워 쌍 따팅 아 지엔 °스.
我 想 打听 一件 事。
일 한가지 묻겠습니다.

Yǒu shénme yijiàn hé yāoqiu qǐng tíchūlai. 여우 °선머 이지엔 허 야오치우 칭 티추°라이.
有 什么 意见 和 要求 请 提出来。
무슨 의견이나 요구할 사항이 있으면, 제출하시기 바랍니다.

Jièguāng! 쩨에 꽝!

借光! 칭 원 따오 뻬이하이 꿍웬 쩐머 쩌우

Qǐng wèn, dào Běihǎi gōngyuán zěnme zǒu

请 问, 到 北海 公园 怎么 走

hǎo ne? 하오 너?

好 呢? 칭 원 여우이 °상디엔 짜이 나얼?

Qǐng wèn, yòuyì shāngdiàn zài nǎr?

请 问, 友谊 商店 在 哪儿?

좀 미안합니다만.

말씀 좀 묻겠습니다만, 북해공원에는 어떻게 가면 좋습니까?

말씀 좀 묻겠습니다. 우의상점은 어디에 있습니까?

6 邀请

6 초대

Qǐng jìn! 칭 찐!

请 进!

Qǐng zuò! 칭 쭤!

请 坐!

Qǐng hē chá! 칭 허 °차!

请 喝 茶!

Qǐng chōu yān! 칭 °처우 이엔!

请 抽 烟!

Wǒ qǐng nǐ chī wǔfàn, nǐ yǒu shíjiān ma?

我 请 你 吃 午饭, 你 有 时间 吗?

Qǐng nǐ cháng lái wǒ jiā wánr. 칭 니 °창 라이 워 쟈 와얼.

请 你 常 来 我 家 玩儿。

Wǎnshang yǒuge zhāodàihuì, qǐng nǐ cānjiā. 완°상 여우거 °쨔오 따이 후이 칭 니 찬쟈.

晚 上 有个 招待会, 请 你 参加。

Qǐng shàngchē ba! 칭 °상 °처 바!

请 上 车 吧!

Cháng lái wánr ba! °창 라이 와얼 바!

常 来 玩儿 吧!

Yǒu shíjiān zài lái ba! 여우 °스지엔 짜이 ㄹ라이 바!

有 时间 再 来 吧!

Huānyìng nǐ zài lái. 환잉 니 짜이 ㄹ라이.

欢迎 你 再 来。

Wǒ mā qǐng nǐ qù wánr. 워 마 칭 니 츄 와얼.

我 妈 请 你 去 玩儿。

어서 들어오십시오.

앉으십시오.

차 드십시오.

점심을 대접하고 싶은데, 시간이 있습니까?

워칭니°츠 우°판 니 여우 °스 지엔 마?

자주 우리집에 놀러 오시기를 바랍니다.

저녁에 초대회가 있는데, 참가바랍니다.

차에 올라 타십시오.

자주 놀러 오십시오.

시간이 있으면 다시 오십시오.

다시 오시기를 환영합니다.

우리 어머님이 놀러 오시랍니다.

7 同意

7 동의를 할때

Hǎo! 하오!

好!

좋습니다. 예.

Xíng! 싱!
行!
됩니다.

Kěyǐ! 커이!
可以!
괜찮습니다. 됩니다.

Yídìng lái(qù)! 이띵 라이(취)!
一定 来(去)!
꼭 옵니다(갑니다).

Méi wèntí! 메이 원티!
没 问题!
문제없습니다.

Hǎo ba! 하오 바!
好 吧!
좋아요.

Jiù zhème bàn ba! 지우 °쩌머 빤 바!
就 这么 办 吧!
그렇게 합시다.

Wǒ tóngyì. 워 퉁이.
我 同意。
나는 찬성(동감)입니다.

Wǒ bù tóngyì. 워 뿌 퉁이.
我 不 同意。
나는 반대입니다.

8 拒绝，道歉

8 거절, 미안을 표시할 때

Bù xíng! 뿌 싱!
不 行!
안됩니다.

Bù néng qù! 뿌 넝 취!
不能 去!
갈 수 없습니다.

Wǒ bú huì! 워 뿌 후이!
我 不 会!
나는 할 줄 모릅니다.

Duìbuqǐ! 뚜이뿌 치이!
对不起!
미안합니다.

Qǐng yuánliàng! 칭 유안 량!
请 原谅!
용서해 주십시오.

Hěn bàoqiàn! 헌 빠오치엔!
很 抱歉!
매우 죄송합니다.

Dǎrǎo le. 따°라오 러러.
打扰 了。
폐끼쳐 죄송스럽습니다.

Zhēn yíhàn! °쩐 이한!
真 遗憾!
정말로 유감스럽습니다. 참 유감입니다.

Gěi nín tiān máfan le. 게이 닌 티엔 마°판 러러.
给 您 添 麻烦 了。
폐를 끼쳐 드렸습니다.

9 对别人道谢的回答

9 타인의 감사에 대하여 답할때

Bú yòng xiè! 뿌 용 씨에 !

不 用 谢!　　　　감사할 필요없습니다(천만의 말씀을).

Bú xiè! 부 씨에 !

不 谢!　　　　감사하지 않아도 됩니다(천만의 말씀을).

Méi guānxi! 메이 꽌시 !

没 关系!　　　　상관없습니다.

Méi shénme! 메이 °선머 !

没 什么!　　　　아무것도 아닙니다(괜찮습니다).

Bié kèqi! 비에 커치 !

别 客气!　　　　사양마십시오(천만의 말씀).

Nǐ tài kèqi le! 니 타이 커치 러러 !

你 太 客气 了!　　　　너무 사양하시니 송구스럽습니다.

Nǎr de huà. 나얼 더 화.

哪儿 的 话。　　　　무슨 말씀이십니까! (천만의 말씀을)

10　祝贺　　　　10　축하

Zhù nǐ chángshòu! °쭈 니 °창 °서우 !

祝 你 长寿!　　　　장수하시기 바랍니다.

Zhù nǐ jiànkāng! °쭈 니 지엔캉 !

祝 你 健康!　　　　건강하시기 바랍니다.

Zhù nǐ yúkuài! °쭈 니 위콰이 !

祝 你 愉快!　　　　즐거우시기 바랍니다.

Zhù nǐ shēngrì hǎo! °쭈니°성°르 하오 !

祝 你 生日 好!　　　　생일을 축하합니다.

Zhù nǐ jiérì hǎo! °쭈 니 지에°르하오 !

祝 你 节日 好!　　　　즐거운 축일이 되기를 바랍니다.

Zhù nǐ(men) xìngfú! °쭈 니(먼) 씽°푸 !

祝 你(们) 幸福!　　　　(신혼 부부에게) 행복하시기를 축원합니다.

Zhù nǐ gōngzuò shùnlì! °쭈 니 꿍쭤 °쑨리 !

祝 你 工作 顺利!　　　　하시는 일이 순조롭게 이루어　지시기를 바랍니다.

웨이 워먼더 여우이 깐 뻬이 !

Wèi wǒmende yǒuyì gān bēi!

为 我们的 友谊 干 杯!　　　　우리들의 우정을 위하여 건배!

웨이 꺼웨이 더 °썬티 지엔캉 깐 뻬이 !

Wèi gèwèi de shēntǐ jiànkāng gān bēi!

为 各位 的 身体 健康 干 杯!　　　　여러분의 건강을 위하여 건배!

Wèi Hán Zhōng yǒuhǎo gān bēi! 웨이 한 °쭝 여우하오 깐 뻬이 !

为 韩 中 友好 干 杯!　　　　한중양국의 우호를 위하여 건배!

Zhùhè nǐ! °쭈허 니 !

祝贺 你!　　　　축하합니다.

172

Gōngxǐ! 꿍시!
恭喜!

축하합니다.

11 告别

Zàijiàn! 짜이 지엔!
再见!

안녕히 계십시오(다시 만납시다).

Huítóu jiàn! 후이터우 지엔!
回头 见!

다시 뵙겠습니다.

Míngtiān jiàn! 밍티엔 지엔!
明天 见!

내일 만납시다.

Hòuhuì yǒuqī! 허우후이 여우치!
后会 有期!

꼭 다음에 만납시다.

Cháng lái xìn! °창 라이 씬!
常 来 信!

자주 편지를 주십시오.

Zhù nǐ lǚtú yúkuài! °쭈 니 뤼투 위콰이!
祝 你 旅途 愉快!

즐거운 여행이 되시기를 바랍니다.

Zhù nǐ yílù píng'ān! °쭈 니 이루 핑안!
祝 你 一路 平安!

무사히 가시기를 빕니다.

Wǒ zǒu le. 워 쩌우 러.
我 走 了。

저는 갑니다.

Wǒ xiān zǒu le. 워 씨엔 쩌우 러.
我 先 走 了。

제가 먼저 실례합니다.

11 헤어질 때

12 赞扬

Nà tài hǎo le. 나 타이 하오 러.
那 太 好 了!

그것은 너무 좋습니다.

Zhēn liǎobuqǐ ya. °쩐 랴오뿌치이 아!
真 了不起 呀!

정말 놀랍습니다.

Zhēn gānjìng a! °쩐 깐징 아!
真 干净 啊!

참 깨끗(청결)합니다.

Zhēn hǎochī. °쩐 하오°츠!
真 好吃!

정말로 맛이 있다.

Zhēn xiāng a! °쩐 썅 아!
真 香 啊!

참 향기롭습니다.

Fēicháng mǎnyì. °페이°창 만이.
非常 满意。

매우 만족합니다.

Dàjiā dōu hěn huānyíng. 따쟈 또우 헌 환잉.
大家 都 很 欢迎。

우리들 모두가 환영합니다.

12 찬사를 할때

제 3 편
기 본 단 어

1. 기수(基數)

* 1, 2	一, 二 (兩) 이 얼 랑	one,	two
* 3, 4	三, 四 싼 쓰	three,	four
* 5, 6	五, 六 우 리우	five,	six
* 7, 8	七, 八 치 빠	seven,	eight
* 9, 10	九, 十 지우 스	nine,	ten
* 11, 12	十一, 十二 스이 스얼	eleven,	twelve
* 13, 14	十三, 十四 스싼 스쓰	thirteen,	fourteen
* 15, 16	十五, 十六 스우 스리우	fifteen,	sixteen
* 17, 18	十七, 十八 스치 스빠	seventeen,	eighteen
* 19, 20	十九, 二十 스지우 얼스	nineteen,	twenty
* 21, 22	二十一, 二十二 얼스이 얼스얼	twenty-one,	twenty-two
* 29, 30	二十九, 三十 얼스지우 싼스	twenty-nine,	thirty
* 31, 33	三十一, 三十三 싼스이 싼스싼	thirty-one,	thirty-three

* 38,	40	三十八 쌴ˇ스빠 　四十 쓰ˋ스	thirty-eight, forty
* 41		四十一 쓰ˋ스이	forty-one
* 44,	46	四十四 쓰ˋ스쓰 　四十六 쓰ˋ스 러우	forty-four, forty-six
* 50,	51	五十 우ˇ스 　五十一 우ˇ스이	fifty, fifty-one
* 55,	60	五十五 우ˇ스우 　六十 러우ˋ스	fifty-five, sixty
* 61,	67	六十一 러우ˋ스이 　六十七 러우ˋ스치	sixty-one, sixty-seven
* 70		七十 치ˉ스	seventy
* 71,	72	七十一 치ˉ스이 　七十二 치ˉ스얼	seventy-one, seventy-two
* 77,	79	七十七 치ˉ스치 　七十九 치ˉ스지우	seventy-seven, seventy-nine
* 80,	81	八十 빠ˉ스 　八十一 빠ˉ스이	eighty, eighty-one
* 89,	90	八十九 빠ˉ스지우 　九十 지우ˇ스	eighty-nine, ninety
* 91,	95	九十一 지우ˇ스이 　九十五 지우ˇ스우	ninety-one, ninety-fiv
* 98,	100	九十八 지우ˇ스빠 　百 빠이	ninety-eight, one hundred
* 101,	110	一百一 이빠이이 　一百一十 이빠이이ˉ스	one hundred and one, one hundred and ten
* 200,	500	二百 얼빠이 　五百 우빠이	two hundred five hundred

✱ 317	三百十七 ㅡ ˇ ╱ ㅡ 싼 빠이 ˙스 치	three hundred and seventeen
✱ 620	六百二十 ╲ ╲ ╲ ╱ 리우 빠이 얼 ˙스	six hundred and twenty
✱ 1,000 2,000	一千, 二千 ㅡ ㅡ ╲ ㅡ 이 치엔 얼 치엔	one thousand, 　two thousand
✱ 9,000 10,000	九千, 一萬 ˇ ㅡ ╱ ╲ 지우 치엔 이 완	nine thousand, 　ten thousand
✱ 99,000	九萬九千 ˇ ╲ ˇ ㅡ 지우 완 지우 치엔	ninety-nine thousand
✱ 百만, 千만	一百萬, 一千萬 ╲ ˇ ╲ ㅡ ㅡ ╲ 이 빠이 완 이 치엔 완	one million,　ten million
✱ 1억	一萬萬 (一億) ╱ ╲ ╲ ╱ ╲ 이 완 완 이 이	one hundred million
✱ 10억	十萬萬 (十億) ╱ ╲ ╲ ╱ ╲ ˙스 완 완 ˙스 이	one thousand million (美 國語로는 one billion)

2. 서수(序數)

* 제 1	第一 띠 이	first
* 제 2	第二 띠 얼	second
* 제 3,　제 4	第三,　第四 띠 싼　띠 쓰	third,　fourth
* 제 5,　제 6	第五,　第六 띠 우　띠 리우	fifth,　sixth
* 제 7,　제 8	第七,　第八 띠 치　띠 빠	seventh,　eighth
* 제 9,　제10	第九,　第十 띠 지우　띠 스	ninth,　tenth
* 제11,　제12	第十一,　第十二 띠 스 이　띠 스 얼	eleventh,　twelfth
* 제13	第十三 띠 스 싼	thirteenth
* 제20,　제30	第二十,　第三十 띠 얼 스　띠 싼 스	twentieth,　thirtieth
* 제40,　제50	第四十,　第五十 띠 쓰 스　띠 우 스	fortieth,　fiftieth
* 제60,　제70	第六十,　第七十 띠 리우 스　띠 치 스	sixtieth,　seventieth
* 제80,　제90	第八十,　第九十 띠 빠 스　띠 지우 스	eightieth,　ninetieth
* 제100	第一百 띠 이 빠이	one hundredth

3. 날　짜

＊ 1 일，　　2 일	一號（日）二號	first,　second
＊ 3 일，　　4 일	三號，　　四號	third,　　fourth
＊ 5 일，　　6 일	五號，　　六號	fifth,　　sxith
＊ 7 일，　　8 일	七號，　　八號	seventh,　　eighth
＊ 9 일，　　10 일	九號，　　十號	ninth,　　tenth
＊11 일，　　12 일	十一號，　　十二號	eleventh, twelfth
＊13 일，　　14 일	十三號，　　十四號	thirteenth, fourteenth
＊15 일，　　16 일	十五號，　　十六號	fifteenth, sixteenth
＊17 일，　　18 일	十七號，　　十八號	seventeenth, eighteenth
＊19 일，　　20 일	十九號，　　二十號	nineteenth, twentieth
＊21 일，　　22 일	二十一號，　　二十二號	twenty-first twenty-second
＊23 일，　　24 일	二十三號，　　二十四號	twenty-third twenty-fourth
＊25 일，　　26 일	二十五號，　　二十六號	twenty-fifth twenty-sixth
＊27 일，　　28 일	二十七號，　　二十八號	twenty-seventh twenty-eighth

| * 29일. 30일 | 二十九號,　三十號
얼˙스 지우 하오　싼˙스 하오 | twenty-ninth
thirtieth |
| * 31일 | 三十一號
싼˙스 이 하오 | thirty-first |

4. 달

* 1월 (정월)	一月 (正月) 이 유에 ˚쩡 유에	January
* 2월	二月 얼 유에	February
* 3월	三月 싼 유에	March
* 4월	四月 쓰 유에	April
* 5월	五月 우 유에	May
* 6월	六月 리우 유에	June
* 7월	七月 치 유에	July
* 8월	八月 빠 유에	August
* 9월	九月 지우 유에	September
* 10월	十月 ˚스 유에	October
* 11월	十一月 ˚스 이 유에	November
* 12월	十二月 ˚스 얼 유에	December
* 12월 31일	十二月 三十一號 ˚스 얼 유에 싼 ˚스 이 하오	December 31st (December the thirty-first)

5. 요 일

* 월요일	星期 一 (禮拜 一)	Monday
* 화요일	星期 二 (禮拜 二)	Tuesday
* 수요일	星期 三 (禮拜 三)	Wednesday
* 목요일	星期 四 (禮拜 四)	Thursday
* 금요일	星期 五 (禮拜 五)	Friday
* 토요일	星期 六 (禮拜 六)	Saturday
* 일요일	星期 日 (禮拜 日)	Sunday
* 주	星期 (禮拜)	week
* 이번주	這個 星期, 本星期	this week
* 다음주	下個 星期	next week
* 지난주	上個星期	last week
* 매주	每星期	every week
* 1주일	一個星期	a week
* 주열	週日	week days

＊ 주말 | 週末 | week end
*저우 모.

<table>
<tr><td colspan="3" align="center">6. 년</td></tr>
<tr><td>＊1년</td><td>一年
이 니엔</td><td>one year</td></tr>
<tr><td>＊2년</td><td>兩年
량 니엔</td><td>two years</td></tr>
<tr><td>＊3년</td><td>三年
싼 니엔</td><td>three years</td></tr>
<tr><td>＊4년</td><td>四年
쓰 니엔</td><td>four years</td></tr>
<tr><td>＊5년</td><td>五年
우 니엔</td><td>five years</td></tr>
<tr><td>＊금년</td><td>今年
찐 니엔</td><td>this year</td></tr>
<tr><td>＊내년</td><td>明年
밍 니엔</td><td>next year</td></tr>
<tr><td>＊작년</td><td>去年
취 니엔</td><td>last year</td></tr>
<tr><td>＊매년</td><td>每年
메이 니엔</td><td>every year</td></tr>
<tr><td>＊연말</td><td>年底
니엔 띠</td><td>end of the year</td></tr>
<tr><td>＊1985년</td><td>一九八五年
이 지우 빠 우 니엔</td><td>nineteen eighty-five</td></tr>
</table>

＊12시	十二點鐘 스 얼 디엔 쭝	twelve o'clock
＊ 1 시	一點鐘 이 디엔 쭝	one o'clock
＊ 2 시	兩點鐘 량 디엔 쭝	two o'clock
＊ 3 시	三點鐘 싼 디엔 쭝	three o'clock
＊ 4 시	四點鐘 쓰 디엔 쭝	four o'clock
＊ 1 분	一分鐘 이 펀 쭝	one minute
＊ 2 분	兩分鐘 량 펀 쭝	two minutes
＊ 3 분	三分鐘 싼 펀 쭝	three minutes
＊ 4 분	四分鐘 쓰 펀 쭝	four minutes
＊ 15분	十五分鐘 스 우 펀 쭝	fifteen minutes
＊ 30분	三十分鐘 싼 스 펀 쭝	thirty minutes
＊ 45분	四十五分鐘 쓰 스 우 펀 쭝	forty-five minutes
＊ 1 초	一秒 이 먀오	one second
＊ 2 초	兩秒 량 먀오	two seconds

* 3초	三秒 싼 먀오	three seconds
* 4초	四秒 쓰 먀오	four second
*15초	十五秒 스 우 먀오	fifteen seconds
*30초	三十秒 싼 스 먀오	thirty seconds
*45초	四十五秒 쓰 스 우 먀오	forty-five seconds
* 시간	鐘頭, 小時, 點鐘 쭝 터우 쌰오 스 디엔 쭝	hour
* 1시간	一個鐘頭, 一小時 이 거 쭝 터우 이 쌰오 스	one hour
* 2시간	兩個鐘頭 량 거 쭝 터우	two hours
* 30분	半個鐘頭 (半小時, 빤 거 쭝 터우 빤 쌰오 스 三十分鐘, 兩刻) 싼 스 펀 쭝 량 커	half an hour
* 분	分 (分鐘) 펀 펀 쭝	minute
* 초	秒 (秒鐘) 먀오 먀오 쭝	second
* 정오	正午 쩡 우	noon

8. 연 령

* 한살	一歲 이 쑤이	one year old
* 아홉살	九歲 지우 쑤이	nine years old
* 열살	十歲 스 쑤이	ten years old
* 스무살	二十歲 얼 스 쑤이	twenty years old
* 서른살	三十歲 싼 스 쑤이	thirty years old
* 마흔살	四十歲 쓰 스 쑤이	forty years old
* 쉰살	五十歲 우 스 쑤이	fifty years old
* 예순살	六十歲 리우 스 쑤이	sixty years old
* 일흔살	七十歲 치 스 쑤이	seventy years old

9. 사 람

사람	人 런	man
＊남자	男人 난 런	man
＊여자	女人 뉘 런	woman
＊어린아이	小孩子 (小孩兒) 쌰오 하이 쯔 쌰오 하 ㄹ	child
＊남자아이	男孩子 (男孩兒) 난 하이 쯔 난 하 ㄹ	boy
＊여자아이	女孩兒 (女孩兒) 뉘 하이 쯔 뉘 하 ㄹ	girl
＊유아(영아)	嬰孩兒 (嬰兒) 잉 하 ㄹ 잉 얼	baby
＊노인	老人 라오 런	old man
＊노파	老太太 라오타이타이	old woman
＊처녀	處女 추 뉘	virgin maid
＊청년	青年 (年輕人) 칭 니엔 니엔 칭 런	young man
＊홀아비	鰥夫 꽌 푸	widower
＊과부	寡婦 꽈 푸	widow
＊고아	孤兒 꾸 얼	orphan

＊친구	朋友 펑 여우	friend
＊주인	主人 쭈 런	master
＊안주인	女主人 뉘 쭈 런	mistress
＊고용인 (머슴)	傭人 융 런	employee
＊하녀 (식모)	女傭人 (阿媽) 뉘 융 런　아 마	servant
＊신사	紳士 썬 스	gentleman
＊숙녀	淑女 (婦人, 女士) 쑤 뉘　푸 런　뉘 스	lady

* 부모	父母 푸 무	parents
* 아버지 (아빠)	父親 (爸爸) (爹爹) 푸 친　빠바　띠에 데	father
* 어머니 (엄마)	母親 (媽媽) (娘娘) 무 친　마마　냥냥	mother
* 형, 오빠	哥哥 꺼 거	elder brother
* 누나, 언니	姐姐 지에지에	elder sister
* 동생	弟弟 띠 디	younger brother
* 여동생	妹妹 메이메이	younger sister
* 할아버지	祖父 (爺爺) 쭈 푸 이에 이에	grandfather
* 할머니	祖母 (奶奶) 쭈 무 나이 나이	grandmother
* 외할아버지	外祖父 와이 쭈 푸	grandfather
* 외할머니	外祖母 와이 쭈 무	grandmother
* 백부 (큰아버지)	伯父 (伯伯) 뻐 푸 뻐 뻐	uncle
* 백모 (큰어머니)	伯母 뻐 무	aunt
* 숙부 (작은아버지)	叔父 (叔叔) 쑤 푸 쑤 수	uncle

* 숙모(작은어머니)	叔母 쑤 무	aunt
* 종형제	表兄弟姐妹　堂兄弟 뺘오슝띠지에메이 탕슝 띠	cousin
	表兄弟 뺘오 슝 띠	
* 종자매	堂姐妹　表姐妹 탕 지에메이 뺘오지에메이	cousin
* 형제	弟兄 띠 슝	brothers
* 자매	姐妹 (姉妹) 지에메이 쓰 메이	sisters
* 아이	孩子 하이 쯔	children
* 아들	兒子 (男孩) 얼 쯔 난 하이	son
* 딸	女兒 (女孩) 뉘 얼 뉘 하이	daughter
* 손자	孫子 쑨 쯔	grandchildren
* 양아버지	繼父, 養父, 乾爹 지 푸 양 푸 깐 띠에	father-in-law
* 양어머니	繼母, 養母, 乾媽 지 무 양 무 깐 마	mother-in-law
* 양아들	養子 양 쯔	adopted son
* 양딸	養女 양 뉘	adopted daughter
* 조카	姪子, 外甥 즈 쯔 와이 셩	nephew

* 조카딸	姪女, 外甥女 ˊ ˇ ˋ ˙ ˇ ˙즈 뉘 와이 ˙성 뉘	niece
* 남편	丈夫 (先生) ˋ ˙ ─ ˙ ˙짱 ˙푸 씨엔 ˙성	(my) husband
* 처	妻子 (太太) ─ ˙ ˋ ˙ 치 쯔 타이 타이	(my) wife

II. 직 업

* 교장	校長 쌰오 °징	principal
* 교사	教師, 教員 쨔오 °스 쨔오유안	teacher
* 선생님	老師 라오 °스	teacher
* 교수	教授 쨔오써우	professor
* 강사	講師 °쟝 °스	lecturer
* 의사	醫生, 大夫 이 °성 따이 °푸	doctor
* 변호사	律師 뤼 °스	lawyer
* 기사	工程師 꿍 °청 °스	engineer
* 배우	演員 이엔 유안	actor
* 신문기자	記者 °찌 °저	reporter
* 은행가	銀行家 인 항 쨔	banker
* 실업가	商人 °썅 °런	business man
* 농부	農夫, 農民 눙 °푸 눙 민	farmer
* 어부	漁夫, 漁民 위 °푸 뒤 민	fisherman

* 군인	軍人 쮼 '런	soldier
* 공무원	公務員 꿍 우 유안	officer
* 노동자 (육체)	工人 꿍 '런	worker

12. 사 계 절

* 봄	春天 춘 티엔	spring
* 여름	夏天 쌰 티엔	summer
* 가을	秋天 치우 티엔	autumn
* 겨울	冬天 뚱 티엔	winter
* 올 봄	這個 春天 (今年 的 春天) 쩌거 춘티엔 찐 니엔 더 춘 티엔	this spring
* 올 여름	這個 夏天 (今年 的 夏天) 쩌거 쌰티엔 찐 니엔 더 쌰티엔	this summer
* 올 가을	這個 秋天 (今年 的 秋天) 쩌거 치우티엔 찐 니엔 더 치우 티엔	this autumn
* 올 겨울	這個 冬天 (今年 的 冬天) 쩌거 뚱 티엔 찐 니엔 더 뚱 티엔	this winter
* 작년 봄	去年 的 春天 취 니엔 더 춘 티엔	last spring
* 작년 여름	去年 的 夏天 취 니엔 더 쌰 티엔	last summer

*작년 가을	去年 的 秋天 취 니엔 더 치우 티엔	last autumn
*작년 겨울	去年 的 冬天 취 니엔 더 뚱 티엔	last winter
*내년 봄	明年 的 春天 밍 니엔 더 춘 티엔	next spring
*내년 여름	明年 的 夏天 밍 니엔 더 싸 티엔	next summer
*내년 가을	明年 的 秋天 밍 니엔 더 치우티엔	next autumn
*내년 겨울	明年 的 冬天 밍 니엔 더 뚱 티엔	next winter
*봄에	在 春天 짜이 춘 티엔	in spring
*여름에	在 夏天 짜이 싸 티엔	in summer
*가을에	在 秋天 짜이 치우티엔	in autumn
*겨울에	在 冬天 짜이 뚱 티엔	in winter
*여름 휴가	暑假 쑤 쟈	summer vacation
*연초 휴가	年假 니엔 쟈	Christmas holidays
*봄 휴가	春假 춘 쟈	spring vacation
*연하장	賀年片 허 니엔 피엔	New Year's card
*설날 (원단)	元旦 유안 딴	New Year's Day

* 크리스마스	聖誕節 쎙 딴 지에	Christmas
* 스키	滑雪 화 슈에	skiing
* 스케이팅	溜水 리우 뼁	skating
* 수영	游泳 여우 융	swimming

13. 때

* 세기	世紀 스 지	century
* 년	年 니엔	year
* 신년	新年 씬 니엔	new year
* 원단(새해초하루)	元旦 (大年　初一) 유안 딴 따 니엔　추이	New Year's Day
* 올해	今年 찐 니엔	this year
* 작년	去年 취 니엔	last year
* 내년	明年 밍 니엔	next year
* 달, 월	月 유에	month
* 매월	每個月 메이 거 유에	every month
* 월말	月底 유에 띠	end of the month
* 이달	這個　月 쩌 거　유에	this month
* 지난달	上個　月 쌍 거 유에	last month
* 다음달	下個　月 싸 거 유에	next month
* 일	天 (號) 티엔 하오	day

*매일	每天 메이 티엔	every day
*종일	整天 쩡 티엔	the whole day;all day
*며칠전(일전에)	前 幾天 (前 些 日子) 치엔 지 티엔 치엔 시에 르 쯔	some time ago
*엊그제(요즘)	不 幾天 (最近) 뿌 지 티엔 쭈이 진	a few days ago
*하루 걸러	隔 一天 꺼 이 티엔	every other day
*오늘	今天 찐 티엔	today
*어제	昨天 쭤 티엔	yesterday
*내일	明天 밍 티엔	tomorrow
*그저께	前天 치엔 티엔	the day before yesterday
*모레	後天 허우 티엔	the day after tomorrow
*지금	現在 씨엔 짜이	at present; now
*당장	就, 立刻 찌우 리 커	right away, at once
*아침	早上 (早起, 早晨) 짜오 썅 짜오 치 짜오 천	morning
*오늘 아침	今天 早上 찐 티엔 짜오 썅	this morning
*내일 아침	明天 早上 밍 티엔 짜오 썅	tomorrow morning

*어제 아침	昨天 早上 쮀 티엔 따오 ˚쌍	yesterday morning
*밤, 저녁	晚上 (傍晚) 완 ˚쌍　빵 완	evening
*밤	夜裡 이에 리리	night
*오늘 저녁, 오늘 밤	今天 晚上 (今天 夜裡) 찐 티엔 완 ˚쌍　찐 티엔 이에 리리	this evening
*어제 저녁, 어젯 밤	昨天 晚上 (昨天 夜裡) 쮀 텐 완 ˚쌍　쮀티엔 이에 리리	last evening
*오늘 밤	今天 晚上 (今天 夜裡) 찐 티엔 완 ˚쌍　찐 티엔 이에 리리	tonight
*어젯 밤	昨天 晚上 (昨天 夜裡) 쮀 티엔 완 ˚쌍　쮀 티엔 이에 리리	last night
*밤새도록	整夜 ˚쩡 이에	all night; the whole night
*한밤중	半夜 빤 이에	midnight
*오전	上午 (午前) ˚쌍 우　우 치엔	forenoon; a. m.
*오후	下午 (午後) 쌰우　우 허우	afternoon; p. m.
*이른 새벽	清晨 칭 ˚천	early in the morning
*1시	一點鐘 이 디엔 ˚쫑	one o'clock
*2시	兩點鐘 량 디엔 ˚쫑	two o'clock

*맑다, 개다	晴 칭	fine, fair
*흐리다	陰 인	cloudy
*바람이 센	風大 펑 따	windy
*비오는 날	下雨天 쌰 위 티엔	rain day
*구름	雲彩 윈 차이	cloud
*바람	風 펑	wind
*비	雨 위	rain
*이슬비	毛毛雨 마오 마오위	misty rain
*큰비	大雨 따 위	heavy rain
*소나기	暴雨, 陳雨 빠오위 쩐위	shower
*폭풍우	暴風雨 빠오 펑위	storm
*천둥	雷 레이	thunder
*눈	雪 슈에	snow
*안개	霧 우	mist, fog

* 서늘하다	凉快 량 콰이	cool
* 춥다, 차다	冷 렁	cold
* 따뜻하다	暖和 난 훠	warm
* 덥다, 뜨겁다	熱 러	hot
* 무더운	悶熱 먼 러	sultry
* 태풍	台風 타이 펑	typhoon
* 지진	地震 띠 젼	earthquake
* 얼다	凍結 똥 지예	freeze
* 온도	溫度 윈 뚜	temperature
* 섭씨…도	攝氏……度 써 쓰　　뚜	c (centigrabe)
* 화씨…도	華氏……度 화 쓰　　뚜	f (fahrenheit)

15. 복   장

양복	西裝 (西服)	lounge suit
	시·꽝 시·푸	
조끼	背心	waistcoat
	빼이신	
바지	褲子	trousers(複)
	쿠 쯔	
부인용 바지	女褲	pants
	뉘 쿠	
오버코트	大衣 (外套, 大氅)	overcoat (topcoat)
	따 이 와이타오 따·챵	
망토	斗篷	mantle
	떠우 펑	
모닝코트	晨禮服	morning coat
	·천 리 ·푸	
프록코트	大禮服	frock coat
	따 리 ·푸	
연미복	晚會服	evening coat
	완후이·푸	
턱시도(남자용 약식 야회복)	晚會便服 (無尾禮服)	tuxedo (dinner jacket)
	완후이삐엔·푸 우 웨이리리 ·푸	
부인복	婦女禮服	robe
	·푸 뉘 리리 ·푸	
로브몬탄트	立領 婦女 常禮服	robe montante(佛)
	리리링 ·푸 뉘 ·챵리리 푸	
로브데코레테	露肩式 婦女 晚會服	robe décolletée〔佛〕
	루지엔·스 ·푸 뉘 완후이·푸	
이브닝드레스	婦女 晚會服	evening dress
	·푸 뉘 완 후이·푸	

부인 평상복	婦女 家常服 푸 뉘 쟈 창 푸	everyday dress
부인복 저고리	短 上衣 똰 상 이	jacket
치마, 스커트	裙子 췬 쯔	skirt
블라우스	短 衫兒 (女 襯衫) 똰 싸 얼 뉘 천 싼	blouse
스웨터, 털옷	毛線衣, 毛衣 마오시엔이 마오이	sweater
잠옷	睡衣 쑤이이	pajamas (pyjamas)
속치마	襯裙 천 쿤	underskirt
와이셔츠	襯衫 (白襯衫, 小 천 싼 빠이 천 싼 샤오 褂兒, 襯衣) 꽈 얼 천 이	shirt
실내복	室內衣 스네이이	robe de chamber 〔佛〕
목도리, 숄	圍巾 (披肩) 웨이 진 피 지엔	shawl
내의	汗衫 (貼身衣, 內衣) 한 싼 티에 썬 이 네이 이	underwear
넥타이	領帶 링 따이	tie, necktie
스카프	圍巾 웨이 진	scarf
장갑	手套 써우 타오	gloves 〔複〕

*양말 (짧은 양말)	襪子　(短襪) 와쯔　딴와	socks(複)
*스타킹 (긴 양말)	長襪子, 長統尼尤襪 창와쯔　창통니얭와	stockings(複)
*허리띠	皮帶　(腰帶,　帶子) 피따이 야오따이 따이쯔	belt(band)
*중국옷	中國　衣服 쭝꿔　이푸	Chinese clothes
*한복	韓國　衣服 한꿔　이푸	Korean clothes
*손수건	手絹兒　(手巾) 서우쥬에　서우진	handkerchief
*레인코트	大雨衣 따위이	raincoat
*잠바	夾克 지야커	jacket, jumper
*원피스	連衣裙 리엔이췬	one-piece dress

16. 신 발

* 구두(단화)	皮鞋 피 시에	shoes(複)
* 신 한켤레	一雙 鞋 이 쌍 시에	a pair of shoes
* 편상화(編上靴)	高 腰 皮鞋 까오 야오 피 시에	laced boots(複)
* 반장화	半 長筒鞋 빤 창퉁 시에	short boots(複)
* 에나멜화(칠피구두)	漆皮鞋 치 피 시에	enameled shoes(複)
* 장화	長筒靴 창 퉁 슈에	boots(複)
* 나막신	木鞋 　(木履) 무 시에 　무 리	clogs(複)
* 슬리퍼	拖鞋 퉈 시에	slippers(複)
* 구두주걱	鞋拔子 시에 빠 쯔	shoehorn
* 구두약	鞋油 시에 여우	shoe polish
* 고무신	膠皮鞋 　(膠鞋) 쟈오피시에 쟈오 시에	rubber shoes(複)
* 하이힐	高跟鞋 까오 껀 시에	high heeled shoes(複)
* 운동화	運動 膠鞋 　(球鞋) 윈뚱 쟈오 시에· 치우 시에	sports shoes

17. 문 방 구

* 종이	紙 즈	paper
* 편지지	信紙 션 즈	letter paper
* 편지봉투	信封 션 펑	envelope
* 공책(노우트)	筆記本 삐 지 뻔	note-book
* 연필	鉛筆 치엔 삐	pencil
* 색연필	五色　鉛筆 우 써　치엔 삐	colored pencil
* 만년필	自來水筆 쯔라이 수이 삐	fountain pen
* 볼펜	圓珠筆 유안쭈 삐	ball pen
* 펜 (철필촉)	鋼筆　(筆尖) 깡 삐　삐 지엔	pen
* 펜대	筆桿 삐 깐	penholder
* 잉크	墨水 머 수이	ink
* 압지	吸墨紙 시 머 즈	blotting paper
* 그림물감	顔料 이엔랴오	colors
* 문진	文鎭　(鎭紙) 원 쩐　쩐 즈	paperweight

주머니칼	小刀 샤오 따오	pocket knife
재단칼	裁紙刀 차이 즈 따오	paperknife
연필깎기	鉛筆 樺子 치엔 비 닝 쯔	pencil sharpener
자	界尺 지에 츠	ruler
삼각자	三角板 싼 쟈오 빤	set square
지우개 (고무)	橡皮 쌍 피	rubber (eraser)
생고부 (아랍생고무)	阿拉伯樹膠 아라 뻐 쑤 쟈오	gum arabic
풀	漿糊 쟝 후	paste
명함	名片 밍 피엔	visiting card
수첩	筆記本 (手冊) 뻐 지 뻔 서우처	pocketbook

18. 인　체

✱ 머리	頭 터우	head
✱ 몸	身胴 썬 뚱	trunk, body
✱ 사지	四肢 쓰 즈	limb;the legs and arms
✱ 정수리	腦頭兒 나오 터울	brainpan
✱ 이마	腦門兒 나오 멀	forehead
✱ 코	鼻子 비 쯔	nose
✱ 귀	耳朶 얼 뚸	ear
✱ 입	嘴 쭈이	mouth
✱ 혀	舌頭 써 터우	tongue
✱ 이	牙, 牙齒 야　야 츠	tooth(單), teeth(複)
✱ 윗입술	上唇 쌍 춘	upper lip
✱ 아랫입술	下唇 샤 춘	lower lip
✱ 위턱	上顎 쌍 어	upper jaw
✱ 턱	下巴 頦兒 샤 빠　컬	chin

* 눈	眼睛 이앤 징	eye
* 눈동자	瞳人 퉁 런	pupil
* 눈꺼풀	眼皮 이앤 피	eyelid
* 속눈썹	眼毛 이앤 마오	eyelashes(複)
* 눈썹	眉毛 메이 마오	eyebrows(複)
* 관자놀이	太陽穴 타이 양 슈에	temple
* 얼굴	臉 리앤	face
* 뇌, 두뇌	腦子, 腦筋 나오 쯔　나오 진	brains
* 머리칼	頭髮 터우 파	the hair of the head
* 턱수염	鬍子 후 쯔	beard
* 목	脖子 버 쯔	neck
* 뒷목	脖頸 버 겅	nape
* 어깨	肩膀 지앤 빵	shoulder
* 등	脊梁 (脊背) 지 량　지 뻬이	back

* 가슴	胸脯 （胸膛） 슝 푸　슝 탕	breast
* 배	肚子 뚜 쯔	belly
* 갈빗대	肋骨 （肋巴骨） 레이 꾸　레이 빠 꾸	ribs (複)
* 척골	脊髓 지 쑤이	spine
* 심장(염통)	心臟 씬 짱	heart
* 폐 (허파)	肺 페이	lung
* 위(밥통)	胃 웨이	stomach
* 장(창자)	腸 창	intestines (複)
* 소장(작은창자)	小腸 샤오 창	small intestines
* 대장(큰창자)	大腸 따 창	large intestine
* 맹장	盲腸 망 창	caecum
* 십이지장	十二脂腸 스 얼 즈 창	duodenum
* 간장 (간)	肝臟 깐 짱	liver
* 신장(콩팥)	腎臟 썬 짱	kidneys (複)
* 자궁	子宮 쯔 꿍	uterus

＊ 허리	腰 야오	loin, waist
＊ 목(기관 : 氣管)	喉嚨 허우 룽	throat
＊ 식도	食道 스 따오	gullet
＊ 궁둥이, 볼기	屁股 피 꾸	buttocks
＊ 항문	肛門 깡 먼	anus
＊ 유방	奶胖子 나이 팡 쯔	breast
＊ 배꼽	肚臍兒 뚜 치얼	navel
＊ 살갗(피부)	肉皮兒 러우 피얼	skin
＊ 뼈	骨頭 꾸 터우	bone
＊ 근육	筋肉　(肌肉) 진 러우　지 러우	muscles(複)
＊ 살	肉 러우	flesh
＊ 신경	神經 썬 징	nerves(複)
＊ 피	血液 시에 이에	blood
＊ 동맥	動脈 뚱 머	artery
＊ 정맥	靜脈 밍 머	vein

*손	手 •써우	hand
*팔	胳膊　(胳臂) 꺼 삐　　꺼 뻬이	arm
*팔꿈치	肘子 •쩌우쯔	elbow
*팔목(손목)	手腕子 •써우 완 쯔	wrist
*주먹	拳頭 츄엔 터우	fist
*손가락	手指頭 •써우 •즈 터우	finger
*엄지손가락	大拇指 따 무 •즈	thumb
*검지손가락	二拇指 얼 무 •즈	forefinger
*가운데손가락	中指 쭝 •즈	middle finger (long finger)
*약지, 무명지	無名指 우 밍 •즈	the fourth finger
*새끼손가락	小指頭 쌰오 •즈 터우	little finger
*손바닥	手 巴 掌　(手心) •써우 빠 •징 　•써우 신	the palm of the hand
*손등	手背 •써우 뻬이	the back of the hand
*손톱	手指甲 •써우 •즈 쟈	nail
*다리	脚 쟈오	foot (單), feet (複)

종아리	小腿 쌰오 투이	leg
넙적다리	大腿 따 투이	thigh
종지뼈	膝 盖 시 까이	kneecap
발뒤꿈치	脚 後 跟 쟈오 허우 껀	heel
발바닥	脚 心 (脚掌) 쟈오 신　쟈오 장	sole
발가락	脚 指 頭 쟈오 즈 터우	toe
침	唾沫 퉈머	spittle, saliva
군침	口水 커우 수이	slaver
젖	奶 나이	milk
땀	汗 한	sweat
콧물	鼻涕 비 티 비 띵 피 티	snivel
가래 (가래침)	痰 탄	phlegm
눈물	眼淚 이엔 뻬이	tear
눈꼽	眼屎 이엔 스	gum

| *소변 | 小便 (尿)
샤오 삐엔 냐오 | urine |
| *대변 | 大便 (屎)
따 삐엔 스 | faecs, excrement |

19. 스 포 츠

*육상경기	田徑賽 티엔 징 싸이	track and field event
*하이허들	高欄 까오 란	high hurdle
*로허들	低欄 띠 란	low hurdle
*주폭도	跳遠 타오 유안	running broad jump
*마라톤	馬拉松 마 라 쑹	marathon
*주고도	跳高 타오 까오	high jump
*삼단뛰기	三級跳遠 싼 지 타오 유안	hop, step and jump
*투포환	扔鉛球 렁 치엔 치우	shot-put
*투원반	擲鐵餠 즈 티에 빙	discus throw
*투창	擲標槍 즈 뺘오 창	javelin throwing
*배구	排球 파이 치우	volleyball
*하키	曲棍球 취 꾼 치우	hockey
*체조	體操 티 차오	gymnastics
*철봉	單杠 딴 깡	horizontal bar

216

*수영	游泳 여우 용	swimming
*자유형	自由泳 쯔 여우 용	crawl stroke
*평영	蛙泳 와 용	breast stroke
*접영	蝶泳 띠에 용	butterfly stroke
*배영	仰泳 양 용	back stroke
*횡영	側泳 처 용	stroke
*배드민턴	羽毛球 위 마오 치우	badminton
*아이스하키	氷球 삥 치우	ice hockey
*축구	足球 쭈 치우	soccer
*야구	棒球 빵 치우	baseball
*농구	籃球 란 치우	basketball
*역도	擧重 쥐으쯩	weight lifting
*추상	推擧 투이 쥐	press
*인상	抓擧 좌 쥐	snatch

*용상	挺擧 팅 쥐	jerk
*보트	划船 화 촨	boat
*조정	八人單獎有舵手賽船 빠 '런 딴 쟝 여우 뛰 '서우 싸이 촨	boat race
*요트	三角帆船 싼 쨔오 '판 촨	yacht
*예선	預賽 위 싸이	preliminary election
*결승	決賽 쥬에 싸이	final game
*럭비	橄欖球 깐 '란 치우	rugby
*스케이트	滑氷 화 삥	skate
*스피드	速度滑氷 쑤 뚜 화 삥	speed skating
*자전거	自行車 쯔 싱 처	cycling
*마술	馬術 마 쑤	horsemanship
*복싱	拳擊 츄엔 지	boxing
*체슬링	摔跤 솨이 쟈오	wresting
*궁술	射箭 써 지엔	archery

*사격	射擊 써 지	shooting
*엎드려쏴	臥射 워 써	prone
*무릎쏴	跪射 꾸이 써	kneeling
*서서쏴	立射 리 써	standing
*글라이더	滑翔 화 썅	glider
*스키	滑雪 화 슈에	ski
*피겨	花樣滑氷 화 양 화 삥	figure skating
*우승전	錦標賽 찐 뺘오 싸이	Championship tournament ;Cup tie
*감독	領隊人 리링 뚜이 ·런	manager
*매니저	管理人 꽌 리 ·런	manager
*코치	教練 쨔오 리엔	coach
*스포츠맨	運動員 윤 뚱 유안	sportsman
*선수	選手 슈엔 ·서우	athlete
*응원단	拉拉隊 라 라 뚜이	cheering party

| ＊수영장 | 游泳池
여우 융·츠 | swimming pool |

20. 질   병

＊ 두통	**頭疼** 터우 텅	headache
＊ 치통	**牙齒疼** 야 츠 텅	toothache
＊ 복통	**肚子疼** 뚜 쯔 텅	belly-ache
＊ 감기	**感冒 (着涼, 傷風)** 깐 마오 짜오 량 상 펑	cold
＊ 비염	**鼻炎** 비 이엔	nasal catarrh
＊ 염증	**炎** 이엔	catarrh
＊ 기관지염	**氣管 支炎** 치 꽌 즈 이엔	bronchial catarrh
＊ 천식	**氣喘** 치 촨	asthma
＊ 기침	**咳嗽** 커 써우	cough
＊ 편도선염	**扁桃腺炎** 피엔타오시엔이엔 **(乳蛾, 喉蛾)** 루 어 허우 어	tonsillitis
＊ 후두염	**喉頭炎　　(喉炎)** 허우터우이엔　　허우 이엔	catarrh of the throat
＊ 폐렴	**肺炎** 페이 이엔	inflammation of the lungs
＊ 늑막염	**肋膜炎** 레이 머 이엔	pleurisy

* 결핵	結核　（癆病） 지에 허　　라오 삥	tuberculosis
* 폐병	肺病　（肺結核） 페이 삥　페이 지에 허	pulmonary consumption
* 심장병	心臟病 신 짱 삥	heart disease
* 심장마비	心臟痲痺 신 짱 마 삐	heart attact
* 위염	胃炎 웨이 이앤	gastritis
* 위궤양	胃潰瘍 웨이쿠이양	stomach ulcer
* 암	癌 이앤	cancer
* 위암	胃癌 웨이이앤	cancer of the stomach
* 장염 (장카달)	腸炎 창 이앤	enteritis
* 빈혈	貧血 핀 시에	anemia
* 뇌빈혈	腦貧血 나오 핀 시에	cerebral anemia
* 히스테리	歇斯底里 시에 쓰 띠리리	hysteria
* 복막염	腹膜炎 푸 머 이앤	peritonitis
* 맹장염	盲腸炎 망 창 이앤	appendicitis
* 황달	黃疸病 황 딴 삥	jaundice

* 당뇨병	糖尿病 탕 냐오 삥	diabetes
* 신장염	腎臟炎 썬 짱 이엔	nephritis
* 고혈압	高血壓 까오 시에 야	high-blood pressure
* 소화불량	消化 不良 쌰오 화 뿌랑	indigestion
* 신경쇠약	神經 衰弱 썬 찡 솨이 뤄	nervous breakdown
* 뇌충혈	腦充血 나오 충 시에	congestion of the brain
* 중이염	中耳炎 쫑 얼 이엔	tympanitis
* 트라코마	砂眼 싸 이엔	trachoma
* 콜레라	霍亂病 훠 롼 삥	cholera
* 장티푸스	傷寒病 상 한 삥	typhoid fever
* 이질	赤痢 츠 리	dysentery
* 류머티즘	風濕症 펑 스 쩡	rheumatism
* 소아마비	小兒 癱瘓 쌰오 얼 마삐	polio

21. 집

* 집	房子 (房室) 팡쯔　팡우	house
* 방	房間　屋子(兒) 팡지앤　우쯔	room
* 침실	寢室 (臥房, 臥室) 친스　워팡　워스	bedroom
* 식당	飯廳 판팅	dining room
* 응접실	客廳 커팅	drawing room
* 서재	書房 쑤팡	study
* 부엌	厨房 추팡	kitchen
* 변소	厠所 처숴	toilet
* 마당	院子 유안 쯔	courtyard
* 복도	走廊 쩌우 랑	corridor
* 아랫층	樓下 러우 싸	downstairs
* 위층	樓上 러우 상	the upper story(美), the upper floor(英)
* 지하실	地下室 (地室) 띠 쌰스　띠스	basement
* 계단	樓梯 (階梯) 러우 티　지에 티	stairs(複)

✱ 2층 이상의 건물	樓房 러우 팡	two-storied house
✱ 발코니	露臺 (陽臺) 루 타이　양 타이	balcony
✱ 베란다	遊廊 여우 량	veranda
✱ 문	門 먼	door
✱ 창문	窓戶 창 후	window
✱ 벽, 담벽	墙 (墙壁) 창　창 삐	wall
✱ 천장	天花板 (頂棚) 티엔 화 빤　띵 펑	ceiling
✱ 마루바닥	地 (地板) 띠　띠 빤	floor
✱ 지붕	屋頂 (房頂) 우 띵　팡 띵	roof

22. 가구와 집기

✱ 책상(데스크)	寫字臺 (桌子) 쎄에쯔타이 꿰쯔	desk
✱ 테이블	桌子 꿰쯔	table
✱ 의자	椅子 이쯔	chair
✱ 안락의자	椅子 (沙發 椅子) 이쯔 싸파 아쯔	armchair
✱ 소파	沙發 (沙發 椅子) 싸파 싸파 이쯔	sofa
✱ 양탄자	地毯 띠탄	carpet
✱ 걸상	発子 떵쯔	bench
✱ 침대	床 촹	bed
✱ 난로	火爐子 훠루쯔	stove
✱ 책장	書櫃 (書櫥, 書架子) 쑤꾸이 쑤추 쑤쟈쯔	bookshelf
✱ 괘종시계	掛鐘 꽈쫑	clock
✱ 벽장	櫥 (櫃子) 추 꾸이쯔	closet
✱ 옷장(농)	衣櫥 (衣裳 櫃子) 이추 이상 꾸이쯔	wardrobe
✱ 옷걸이	衣架 이쨔	coat hanger

✽ 액자	匾額 떼엔 어	(picture) frame
✽ 커튼	窓帘 쌍 리엔	curtain
✽ 꽃병	花瓶 화 핑	vase
✽ 전등	電燈 떼엔 멍	electric lamp
✽ 라디오	收音機 써우 인 지	radio (wireless) set
✽ 텔레비전	電視機 떼엔 스 지	television
✽ 선풍기	電扇 떼엔 싼	electric fan
✽ 피아노	鋼琴 깡 천	piano
✽ 재떨이	煙灰碟 이엔 후이 떼에	ash tray

23. 요 리

* 빵	麵包 미앤 빠오	bread
* 버터	黄油 (奶油) 황 여우 나이 여우	butter
* 치즈	酪餅 (乾酪) ㄹ라오 뼹 깐 ㄹ라오	cheese
* 잼	果子醬 (果醬) 꿔 쯔 쟝 꿔 쟝	jam
* 밥	飯 판	meal
* 소스	辣醬油 ㄹ라 쟝 여우	sauce
* 화이트 소스	白醬油 빠이 쟝 여우	white sauce
* 수프, 국	湯 탕	soup
* 진한 수프	濃湯 눙 탕	potage
* 맑은 수프	清湯 칭 탕	consommé
* 고기	肉 러우	meat
* 쇠고기	牛肉 니우 러우	beef
* 돼지고기	猪肉 쭈 러우	pork
* 양고기	羊肉 양 러우	mutton

＊닭고기	鶏肉 씨 러우	chicken
＊삶은 고기	燉肉 뚠 러우	stew
＊카틀렛트	炒肉片 （炒肉排） 차오 러우 피엔 차오 러우 파이	cutlet
＊포크 카틀렛트	炒猪肉片 차오 쭈 러우 피엔 （炒猪肉排） 차오 쭈 러우 파이	pork cutlet
＊로스트 비프	烤牛肉 카오 니우 러우	roast beef
＊비프스테이크	牛肉扒, 牛排 니우 러우 빠 니우 파이	beefsteak
＊오믈렛	菜肉蛋卷 차이 러우 딴 쥬엔	omelet
＊보일드 에그스	煮鶏蛋 쭈 지 딴	boiled eggs
＊달걀볶음	炒鶏蛋 차오 지 딴	fried eggs
＊굴 프라이	炒牡蠣 차오 무 리	fried oysters
＊새우 프라이	炒蝦子 차오 싸 쯔	fried lobster
＊프라이드 포테이도	炒馬鈴薯 차오 마 링 쑤	fried potatoes
＊야채 샐러드	蔬菜色拉 쑤 차이 써 라	vegetable salad
＊파이	餡餅 씨엔 삥	pie

| ✸ 아이스크림 | 冰激凌
밍지렁 | ice-cream |
| ✸ 생선 | 魚
위 | fish |

✱ 과일	水果, 果子 수이 꿔 꿔 즈	fruit
✱ 사과	蘋果 핑 꿔	apple
✱ 배	梨 리	pear
✱ 포도	葡萄 푸 타오	grape
✱ 복숭아	桃兒 타오얼	peach
✱ 딸기	洋莓果, 草莓 양 메이 꿔 차오 메이	strawberry
✱ 귤	橘子 쮜 쯔	orange
✱ 바나나	香蕉 썅 쟈오	banana
✱ 파인애플	鳳梨 (菠羅蜜) 펑 리 뿨 뤄 미	pineapple
✱ 참외 (멜런)	甜瓜 티엔 꽈	melon
✱ 수박	西瓜 시 꽈	watermelon
✱ 살구	杏子 씽 쯔	apricot
✱ 밀감	蜜柑 미 깐	mandarin orange
✱ 밤	栗子 리 쯔	chestnut

25. 음 료

＊물	水 수이	water
＊더운물	開水 카이 수이	hot water
＊차	茶 차	tea
＊녹차	綠茶 뤼 차	green tea
＊홍차	紅茶 홍 차	black tea
＊커피	咖啡 카 페이	coffee
＊블랙커피	濃咖啡 (純咖啡) 눙 카 페이　춘 카 페이	black coffee
＊초콜릿	巧克力糖 챠오 커 리 탕	chocolate
＊코코아	可可 커 커	cocoa
＊알콜	酒精 (阿爾科爾) 지우 찡　아 얼 커 얼	alcohol
＊포도주(빨강, 흰)	葡萄酒 (紅, 白) 푸 타오 지우 홍　빠이	wine
＊맥주	啤酒 피 지우	beer
＊브랜디	白蘭地酒 빠이란 띠 지우	brandy
＊소주, 배갈, 고량주	燒酒, 白幹兒,　白酒, 싸오 지우 빠이 까얼　빠이 지우 高粱酒 까오 량 지우	spirits

* 샴페인	香檳酒 썅 빈 지우	champaigne
* 레모네이드	檸檬水 닝 멍 수이	lemonade
* 쥬스	果汁 꿔 즈	juice
* 오렌지쥬스	橘子汁 쥐 쯔 즈	orange juice
* 우유	牛奶 니우 나이	milk
* 위스키	威士忌酒 웨이스 지 지우	whisky
* 칵테일	鷄尾酒 지 웨이 지우	cocktail
* 하이볼	威士忌酒和蘇達 웨이스 지 지우 허 쑤 따	whisky and soda

26. 빛   깔

* 빨강 (적색)	紅 홍	red
* 검정 (흑색)	黑 헤이	black
* 흰색	白 빠이	white
* 노랑 (황색)	黃 황	yellow
* 녹색	綠 뤼	green
* 남색 (청색)	藍 란	blue
* 오렌지색	橘黃色, 橙黃色 쥘황써 청황써	orange
* 회색	灰色 후이써	grey (gray)
* 진홍색	緋紅色 페이홍써	scarlet
* 장미빛색	薔薇色 창웨이써	rose
* (보라빛 나는) 진홍색	深紅色 썬홍써	crimson
* 갈색	棕色, 咖啡色, 茶色 쭝써 카페이써 차써	brown
* 자주빛 색	紫色 쯔써	purple
* 엷은 청색	淡藍色 딴 란 써	light blue

✱ 짙은 청색	深藍色 썬 란 써	deep blue
✱ 감색	藏青色　（暗青色） 창 칭 써　　안 칭 써	dark blue
✱ 짙은 갈색	深棕色 썬 쫑 써	dark brown
✱ 배추색	淡綠色 딴 뤼 써	light green
✱ 녹두색	深綠色 썬 뤼 써	deep green
✱ 연자주색	淡紫色 딴 쯔 써	light purple
✱ 진자주색	深紫色 썬 쯔 써	deep purple
✱ 분홍 (연분홍)	肉紅　（粉白） 러 우 훙　펀 빠이 粉紅色　（淡粉紅） 펀 훙 써　딴 펀 훙	pink

27. 교통수단

*기차, 열차	火車, 列車 훠 ˙처 리에 ˙처	train
*보통열차, 완행열차	慢車 만 ˙처	slow train
*급행열차	快車 콰이 ˙처	express (express train)
*여객열차	客車 커 ˙처	passenger train
*전차	電車 띠엔 ˙처	electric car
*지하철도 (지하철)	地下鐵道 (地鐵) 띠 쌰티에따오 띠 티에	underground railway (subway)
*객차	客車 커 ˙처	passenger car
*침대차	臥車, 睡車 워 ˙처 ˙수이 ˙처	sleeping car
*식당차	餐車 (飯車) 찬 ˙처 ˙판 ˙처	dining car
*전망차	瞭望車 (觀景車) 랴오 왕 ˙처 꽌 징 ˙처	observation car
*차칸	車廂 ˙처 썅	compartment
*기관차	火車頭 (機關車) 훠 ˙처 터우 지 꽌 ˙처	locomotive
*전기기관차	電氣機關車 띠엔 치 지 꽌 ˙처	electric locomotive
*자동차	汽車 치 ˙처	motor (car) (automobile)

* 버스	公共汽車 꿍꿍치·처	bus
* 택시	汽車　(出租汽車) 치·처　·추푸치·처	taxi
* 오토바이	機器　脚踏車 지치　쟈오타·처	motorcycle (autobike)
* 자전거	自行車　(脚踏車) 쯔씽·처　쟈오타·처	bicycle
* 비행기	飛機 ·페이지	aeroplane (airplane)
* 여객기	客機 커지	passenger plane
* 기선	輪船 룬·촨	steamer (steamship)
* 기차를 타다	坐　火車 쭤　훠·처	take a train
* 기차를 타고 가다	坐　火車　去 쭤　훠·처　취	go by train
* 자동차로 가다	坐　汽車 쭤　치·처	go by car
* 자전거로 가다	騎　自行車 치　쯔씽·처	go by bicycle
* 버스로 가다	坐　公共汽車 쭤　꿍꿍치·처	go by bus
* 비행기로 가다	坐　飛機 쭤　·페이지	by plane
* 배로 가다	坐　船 쭤　·촨	by boat
* 플랫폼	月臺, 站台 유에 타이·짠 타이	platform

* 대합실	候車房 허우 처 팡	waiting room
* 매표구	售票處 쎄우 퍄오 추	ticket window
* 입장권 (역의)	月 臺 票 유에 타이 퍄오	platform ticket
* 트럭	卡車 카 처	truck
* 엘리베이터	電梯 띠엔 티	elevator, lift
* 에스컬레이터	電動扶梯 띠엔 뚱 푸티	escalator
* 지프차	吉普車 지 푸 처	jeep

* 영어	英語, 英文 잉 웨 잉 원	English
* 일본어	日語, 日文 르 웨 르 원	Japanese
* 중국어	中國語, 中文 쭝 꿔 웨 쭝 원	Chinese
* 한국어	韓國語, 韓國話 한 꿔 웨 한 꿔 화	Korean
* 불란서어	法語, 法文 파 웨 파 원	French
* 독일어	德語, 德文 더 웨 더 원	German
* 이태리어	意大利語 이 따 리 리 웨	Italian

29. 인　종

✻ 한국인	韓國人 한 꿔 런	Korean
✻ 중국인	中國人 쭝 꿔 런	Chinese
✻ 일본인	日本人 르 뻔 런	Japanese
✻ 미국인	美國人 메이 꿔 런	American
✻ 영국인	英國人 잉 꿔 런	English
✻ 불란서인	法國人 파 꿔 런	French
✻ 독일인	德國人 더 꿔 런	German
✻ 이태리인	意大利人 이 따 리 런	Italian
✻ 인도인	印度人 인 뚜 런	Indian

30. 국　　가

＊한국	韓國 한 꿔	Korea
＊미국	美國 메이 꿔	America
＊영국	英國 잉 꿔	England
＊일본	日本 르 뻰	Japan
＊중국	中國 쯍 꿔	China
＊불란서	法國 파 꿔	France
＊독일	德國 더 꿔	Germany
＊이태리	意大利 이 따 리	Italy
＊인도	印度 인 뚜	India

31. 의 문 사

무엇	什麼 ·선 머	what
* 무엇	什麼 ·선 머	what
* 어느것	哪一個 나 이 거	which
* 어느쪽	哪里, 在哪兒 나 리 짜이 나 얼	which one (which direction)
* 왜	爲什麼 웨이 ·선 머	why
* 언제	什麼時候 ·선 머 ·스 허우	when
* 언제까지	多久 뚸 지우	how long
* 얼마요	多少錢 뚸 ·싸오 치엔	how much
* 얼마	多少 뚸 ·싸오	haw many
* 몇살	幾歲 지 쑤이	how old
* 누구	誰 쉐이	who

32. 중국의 행정구역

＊ 북경시 (직할시)	北京市 (直轄市) 베이징 스 즈샤 스	北京市 (直轄市)
＊ 천진시 (직할시)	天津市 (直轄市) 티엔진 스 즈샤 스	天津市 (直轄市)
＊ 상해시 (직할시)	上海市 (直轄市) 쌍 하이 스 즈샤 스	上海市 (直轄市)
＊ 하북성	河北省 허 베이 성	河北省
＊ 산서성	山西省 산 시 성	山西省
＊ 요령성	遼寧省 랴오 닝 성	遼寧省
＊ 길림성	吉林省 지 린 성	吉林省
＊ 흑룡강성	黑龍江省 헤이 룽 쟝 성	黑龍江省
＊ 협서성	陝西省 싼 시 성	陝西省
＊ 감숙성	甘肅省 깐 수 성	甘肅省
＊ 청해성	青海省 칭 하이 성	青海省
＊ 산동성	山東省 싼 뚱 성	山東省
＊ 강소성	江蘇省 쟝 수 성	江蘇省
＊ 절강성	浙江省 쩌 쟝 성	浙江省

* 안휘성	安徽省 안 후이 성	安徽省
* 강서성	江西省 장 시 성	江西省
* 복건성	福建省 푸 지엔 성	福建省
* 대만성	台湾省 타이 완 성	台湾省
* 하남성	河南省 허 난 성	河南省
* 호북성	湖北省 후 뻬이 성	湖北省
* 호남성	湖南省 후 난 성	湖南省
* 광동성	廣東省 꽝 뚱 성	廣東省
* 사천성	四川省 쓰 촨 성	四川省
* 귀주성	貴州省 꾸이 쩌우 성	貴州省
* 운남성	云南省 윈 난 성	雲南省
* 내몽고자치구	内蒙古自治區 네이 멍 꾸 쯔 즈 취	内蒙古自治区
* 영하회족자치구	寧夏回族自治區 닝 싸 후이 쭈 쯔 즈 취	寧夏回族自治区
* 신강위글자치구	新疆維吾尓自治區 씬 장 웨이 우 얼 쯔 즈 취	新疆위글自治区
* 광서장족자치구	广西壯族自治區 꽝 시 쫭 쭈 쯔 즈 취	廣西壯族自治区
* 서장자치구	西藏自治區 시 짱 쯔 즈 취	티베트自治区

33. 도량형 단위

* 長度 (창뚜)　　　　　　　　　　　　　　　길이

一分 （十厘） 이 펀　스 리	1分 (10厘)
一寸 （十分） 이 춘　스 펀	1寸 (10分)
一尺　十寸 이 츠　스 춘	1尺 (10寸)
一丈 （十尺） 이 짱　스 츠	1丈 (10尺)
一里 （一百五十丈） 이 리리　이 빠이 우 스 짱	1里 (150丈)
一公里 （兩里） 이 꿍 리　량 리	1킬로 (2里)

* 面積 (미엔지)　　　　　　　　　　　　　　면적

一畝 （十分） 이 무　스 펀	1畝 (10分)
一公頃 （十五畝） 이 꿍 칭　스 우 무	1헥토리틀 (15畝)

* 重量 (쭝량)　　　　　　　　　　　　　　　무게

一兩 이 량	1兩
一斤 （十兩） 이 진　스 량	1斤 (10兩)
一公斤 （兩斤） 이 꿍 진　량 진	1키로 (2斤)

■ 저자 : 한 원 석 ■

한중문화교류회장

■ 감수 : 김 재 선 ■

(前) KBS TV 중국어 강좌 담당

글로벌 중국어회화	定價 15,000원

2015年 8月 05日 인쇄
2015年 8月 10日 발행
　저　자 : 한 원 석
　감　수 : 김 재 선
　발행인 : 김 현 호
　발행처 : 법문 북스
　공급처 : 법률미디어

152-050
서울 구로구 경인로 54길4(구로동 636-62)
TEL : 2636-2911〜3, FAX : 2636〜3012
등록 : 1979년 8월 27일 제5-22호
Home : www.lawb.co.kr

▎ISBN 978-89-7535-325-3 13720
▎파본은 교환해 드립니다.